禅与生命系列丛书03

悟义 著

文汇出版社

图书在版编目（CIP）数据

禅 / 悟义著. —— 上海：文汇出版社，2015.5
（禅与生命系列丛书）
ISBN 978-7-5496-1425-7

Ⅰ. ①禅… Ⅱ. ①悟… Ⅲ. ①禅宗－人生哲学　Ⅳ. ①B946.5

中国版本图书馆CIP数据核字(2015)第061702号

禅

著　　者 / 悟　义
责任编辑 / 戴　铮
插　　画 / 雪山静岩
装帧设计 / 应永会

出 版 人 / 周伯军

出版发行 / 文汇出版社
上海市威海路755号
（邮政编码200041）

经　　销 / 全国新华书店
照　　排 / 上海歆乐文化传播有限公司
印刷装订 / 启东市人民印刷有限公司
版　　次 / 2015年5月第1版
印　　次 / 2020年9月第4次印刷
开　　本 / 787×1092　1/16
字　　数 / 120千字
印　　张 / 22
印　　数 / 11001-13000
书　　号 / ISBN 978-7-5496-1425-7
定　　价 / 48.00元

本书经上海民族和宗教事务委员会审定

禅者悟义

"雪山圆相"当代艺术传承者；

水月太极创始人；

禅学作家。

中国禅丛书系列

禅养生系列：《茶密人生》
《茶密功夫》
禅文化系列：《茶密禅心》
《禅者的秘密·饮食》
《禅者的秘密·禅茶》
《诗情画意》
禅与生命系列：《本能》
《生存》
《禅》
水月太极系列：《莲花太极》（上、下册）
《莲花导引》
《莲花九式》
禅修系列：《禅舍》
《五心修养》
禅艺系列：《雪山静巖不二禅画释义》
《不二禅颂》
禅法系列：《中国禅》
《至宝坛经》（上、下册）
《金刚经心要》
禅画美学系列：《高明中庸 修身为本》
中国禅讲座系列：《禅问》
中国传统文化系列：《道德经指要》（上、下册）
中国禅纪录片系列：《莲花太极》《中国禅》
《雪山圆相》《禅者悟义》
"北大、复旦生活禅智慧"讲座光盘

雪山静岩博士

从八岁开始遍访明师,从小显现出出色的才华,对唱颂、围棋、禅茶、书法、禅画、禅箫、太极等修养有独到见解,至今五十余载无有间断。1994年,以优异成绩考入北京大学哲学系,十年寒窗,硕、博皆师从哲学泰斗楼宇烈先生。

2000年起,随南怀瑾先生多年,深修禅法。

上世纪九十年代起,雪山静岩博士在海内外出版的著作共包括:《不二太极》《不二茶熏智慧》《不二禅艺》《维摩禅·不二》《禅学·双盘》等十六本专著,并创建了"不二禅艺"。"不二禅艺"独具古风,融汇贯通了太极、书、画、棋、茶、箫、颂等传统修养,能帮助现代人加深对传统文化的认识。

"雪山圆相"当代艺术是"不二禅艺"中别具一格的书画演绎部分。

总序

多年前，笔者因为自己身心在修禅后的奇妙转化，产生了浓厚的探究不可思议生命实相的兴趣。这期间我的心情百味杂陈，由于自己早些年身体严重亚健康，曾遍访名医，药不离口，却始终无法解决诸多的身体困扰。我曾经喜欢去美容院放松，去各种养生馆保健，还虔诚地吃素拜佛，但还是无法获得健康和安心。

此后，我偶遇"中国禅修养"，禅修不到一年，便脱胎换骨，不仅仅瘦了六十斤，整个面貌、思想、情绪、活力都宛若新生，我一直在思索，这种变化的推动力是什么？

2011年5月我第一次动笔写作《茶密人生》时，一边写作，一边修禅，一边体悟，在这个过程中，我深切感受到自己身心每天都发生着奇妙变化。随着体悟不断加深，我心中感到越来越惭愧，原以为自己自幼爱学习，现在却发现对于生命的了解是如此匮乏，学了一堆知识，其实从未真正理解过什么是生命。

师公北京大学楼宇烈先生，在2011年接受《解放日报》采访以及其他演讲中曾说："东方传统中将一个人看作是一个整体，生病不是某一个部位出了问题，而是整体上有问题。所以治疗，并不针对于某一个实际的病，而是从饮食、起居、心理、哲理各个方面进行总体调节。中医强调整体和局部的关系，整体中的每个部分都息息相关。

"《黄帝内经·素问》开篇第一章，黄帝首先提出问题：为什么古代人活到100岁的时候,动作还非常敏捷,可现在的人刚过50岁,动作就不灵活了?岐伯告诉他,那是因为上古之人,'食饮有节,起居有常,不妄劳作'。饮食要有节制,不暴食暴饮,也不忍饥挨饿;有固定的作息时间;不没事找事。岐伯说,上古之人因为这样,所以能终其天年;而现在的人'以酒为浆,以妄为常,醉以入房'。其结果当然是'竭其精,散其真',才50岁,身体就非常衰弱了。

"在《黄帝内经》中,黄帝曾经这样问岐伯:我听说古代人治病,只需要通过移精变气,祷告一下就好了,而现在的人要吃那么多的药,扎那么多的针,结果还是有的病治不好,为什么?岐伯回答:古人是跟野兽杂居的,天冷了动一动就可以避寒,天热了就到比较凉快的屋子待着。在家里不会时时念着这个,丢不下那个,在外面也没想过要当官,生活很恬淡,邪气根本就不能够侵入体内,当然也就用不着吃药、扎针了。但当今之世不是这样了,人们脑子里有各种各样的想法,忧患不断。身体也劳累,而且不顺从季节的变化,夏天贪凉,冬天贪热。这样就会产生虚邪之气,并逐渐侵蚀五脏、骨髓,外面也伤了五官和皮肤。即使是小病也会变得非常厉害,光靠祷告怎么能治呢?其实就是说,如果能调顺身心的话,就可以不服药,这就叫'移精变气'。

"清代学者注解说:'时下吴人尚曰:不服药为中医。'中医更强调的不是治病,而是改善人的生命状态。这里可以借助关于中道之医的诠释:'上医治国,中医治人,下医治病。'得了病,不光治病,药只是辅助手段,关键是自己的努力,改善精神和调整饮食起居。人是活的生命体,物质生命的人与精神生命的人结合在一起,精神占了主导地位。"

楼先生讲到的中医,是依然遵循医道而非商业化主导的医者。商业化主导的医生,看病格式化,开方子喜欢用好药、贵药、补药,以注重盈利为出发点,看病图快、图神效、图利润,这种医治方法只治标不治本;而医道是遵循生命规律,注重病者的个体差异,注重病症的差异、注重治标的。医者平日修、理并行,基础扎实,不急功近利,并重体悟。

医道的核心在于"不治已病治未病",不能以盈利为医者制定任务,以看病多少为绩效计量,真正的医者尊重生命,会细微观察外界环境和病者的情绪变化,能不吃药不鼓励病者吃药,吃的药也是根据患者恢复情况及时更换用量,尽量帮助恢复患者的自愈能力,有的会再辅以导引、呼吸等法,以仁心仁术,悬壶济世。

现代人为什么越来越脆弱?笔者在写这篇序文时又惊闻几位年富力强的公众人物,不幸身染绝症,但仔细看看会发现这些人和早些年得重病的公众人物已经有了极大的区别。现在得病的这些人日常生活会注重饮食,也有信仰有追求,而且多数人平时注意锻炼身体,跑马拉松、进健身房的不少,几乎都不是一味工作蛮干的人,可即便这样,为什么还是不断爆出年纪轻轻就得不治之症的案例?本丛书会陆续展开讨论,将我们平时忽略的每个生命的诞生和存在的意义重新思考,令读者重新了解自己、人的本能和需求,我们需要重新发现生命内在精神力所产生的不可思议的力量!

谈到生命,当然离不开养生这个话题,什么是"养生"呢?楼先生在《中国的品格》中说:"中医养生理论中最根本的一条就是要顺其自然。《黄帝内经·灵枢经·本神篇》里讲:'故智者之养生也,必顺四时而适寒暑,和喜怒而安居处,节阴阳而调刚柔。如是则僻邪不至,长生久视。'董仲舒在《春秋繁露》中也说:'循天之道以养其身,谓之道。'什么叫做养生之道呢?养生就是顺其自然,因为人跟人是不一样的,所以要按照自己的实际情况来循天道。"

笔者过去曾肤浅地把"养生"和吃好吃的、补充各方面营养、去美容按摩放松等形式挂钩,不懂食物有着食物的食性,这些食性未必和人体相应;忽略了人内在自我精神修养对生命的补充和滋养;更不明白人与自然的和谐共存对每个生命的重要作用……

商业化使我们方便地吃着反季节食品,吃着不合地气的空运食品,过着日夜颠倒的生活,穿梭于南北半球混乱的时差……我们过度重视商业,而忽略了生命的"生息之道"。

2009年,我曾向北京大学哲学教授,中国文化书院院长王守常老师请教关于生命的问题。他在2010年6月中国企业家国学论坛时曾说:"《论语》中'仁者寿',出现了103次,仁者就是有德之人,就会长寿。老子也持同样观点,一个人如何长寿,应该是以德延年,有道德修养才会使生命延长。老子讲这句话的时候后面有一句话,让所有人不了解,他说死而不亡者而寿,死了还不亡,用老百姓的话就是诈尸,怎么会是长寿的人?

"到了魏晋南北朝的时候,有一个王晋说,道是了解中国文化和哲学的一把钥匙,牵涉了两个概念,就是道和气的概念,最早出现在《易经》,形而上者,谓之'道',形而下者谓之'气'。有形上面的叫做道,形而下的叫做气,道和气的关系是道在气中,气不离道,说起来复杂,实际上是生活中的哲学问题。"

西方观点认为生命包含了"身、心、灵"三部分,也就是东方传统中的"精、气、神",由看得见的和看不见的两部分组成。

西方观点把身体的问题归为临床医学,西医的理论是建立在解剖学基础上的,因此对于基因、微生物、肌肉、胚胎、血管、骨骼、神经、细胞等看得见的组织细胞分析透彻。

在医学方面,西医以临床实践为主,东方以辩证表里为本,东方体系是建立在人活着的时候诸如气脉、气血、奇恒之腑、奇经八脉这些阴阳、气血、动静、平衡等,看不见、摸不着的变化多端的"活"东西上,认为生命是不可分割的,精、气、神或身、心、灵是一个相互作用的整体。就如同情绪起伏对五脏六腑的影响,对身体疾病的影响;再如精神力量对身心的影响等。如果人肉身消亡了,这些若隐若现的东西也就随之消亡了。西医用解剖建立身体医学基础,难以理解和认同这些玄妙观点。

西医认为"身"的问题由医院解决,"心"的问题归于心理范畴,有专门心理医生帮助解决心理疾病,而西方文明则普遍认为"灵"属于上帝或神的管辖范围。

东方则不然,认为人是整体,比如头疼的病根不一定在头上,可能是由经络、寒气或者内脏的问题引起,身体上的问题,没有相同的,皆因人而异,因时而异,因地而异。

西方人说的"心"多指大脑意识,而东方的"心"有多层意思,其中主要是指胸附近以情绪为主的中丹田区域,即"心胸"。有"大心"者必虚怀若谷、豁达开朗、正气长存,而"小心"者是忙忙碌碌、斤斤计较的凡夫。佛经中对于"心意识"的讲述浩如烟海,近十几年,西方也开始发展"心识科学"的研究,这方面我们留待未来会有专门讨论。

东方的圣人们始终强调精神的力量也就是本性的力量存在,这些力量是看不到却可以感受得到的。禅门讲的"明心见性,见性成佛"这个"性"就是"本性",禅法便是令修者可以在行、住、坐、卧的日常生活中和自己的真心契合。

孔子圣人曾说国有"三宝"：粮食、军队、精神。如果三宝必须去其一，可先去兵；若三宝中必须再去一个，可去粮；最后剩下的是精神，如果一个国家、一个生命连精神都不具备了，国将不国，人也非人了。

南公怀瑾先生也曾说"大心"之人应该是："临危而不惧，途穷而志存；苦难能自立，责任揽自身；怨恨能德报，美丑辨分明；名利甘居后，为理愿驰骋；仁厚纳知己，开明扩胸襟；当机能立断，遇乱能慎行；忍辱能负重，坚忍能守恒；临弱可落泪，对恶敢拼争；功高不自傲，事后常反省；举止终如一，立言必有行。"

古时圣人们认为人的本性像宇宙一样广大无垠。宇宙包括了我们已知的宇宙，以及我们未知的时空。我们如同宇宙一样广大无垠的本性和精神力与我们的肉体生命之间有什么秘密呢？生命的奥妙是什么呢？佛家讲"不可思议"，这些生命的奇迹和"禅"和"道"一样，"道可道，非常道"。

每个生命都存在着无限的奇迹，由于世俗的人过于迷恋物质，不去思考生命本质、本能，故此也不相信自己有什么能量、潜力可以挖掘。我们不了解自己，从自体内细胞与细胞之间的关系，心与念的相互作用，神奇的生命体之间的构成、作用、可代替性、可延展性、可发掘性、可创造性等等，都是不清楚的。

面对这个唯一的生命，我们既不了解那些看得见的，更妄谈那些看不见的。普通人是生了病就去医院，吃药、打针、吊水，反正只要能治好就行，能不难受就行，然后一切照旧繁忙、混乱地生活。殊不知这个世界上没有一种药可以治本，常常乱吃药势必破坏人体本身的免疫自愈能力，可是我们不明究竟，也不愿明究竟，一天一天稀里糊涂地混着过日子，图舒服，图享受，图省事，图暂时的、表面的"无事"。

在饮食方面我们常常会吃得很饱，吃喝是最方便的自我放纵方式，吃了总还是想吃更多，胃口越来越好，口味越来越重。常常是肚子里积食，嘴巴里想吃。

不饥不饿的状态下想吃，是"馋"。"饥"是摄入食物不足的身体反应，而"饿"则是主观感受，不饥不饿的状态的"馋"，是病态，是由于人的心火过亢，不安心，心慌焦虑而出现食欲过盛。现代人其他的不安心症状类似于"馋"的情况普遍存在，例如不停地买衣服，买了多少自己都记不清；家里到处塞满了东西；不停地想发展事业开拓"新"领域；不停地想接触新的异性寻找刺激；不停地想认识新人；不停地想"上学""听课"……情绪和情感上的需求得不到满足，感觉不安全，找不到自己时，人只能外求，用物质、忙碌填充空虚、荒芜的心灵。

人各种身心疾病的病因在哪里？痛苦的根源在哪里？情绪的起伏如何控制？如何建立自信心？如何把握幸福？如何让生命充满活力？如何对治亚健康？如何让自己安心，让心灵自由自在？这些答案绝对不是天天出去吃喝玩乐，聊天、抱怨，看手机、电脑、新闻，查各种资讯可以得到的。

看不见的东西不是不存在，看见的东西也未必真实存在，就像我们头顶上看得见的太阳是8分钟前太阳的影子，看见的月亮也是1.3秒前的月亮的影子一样。

眼见一定为实吗？我们可以感受得到微风拂面，但您怎么去看风？我们只有通过被风吹动的物体，如树叶、头发、尘土而感觉风，但显现的物体只能表现风却不能代表风。

人身体内的"风"，这种内在的"风"我们称之为"气"，它并不能通过显性的物体被看见，但却每时每刻在体内作用，引起身体变化。比如因寒气凝聚而产生的牵拉的疼痛和僵硬,再比如肝气郁结导致的怒气、脾气等等,都是可以模糊感受却看不见的,这些模模糊糊的感受是现代科学不接受的,因为不精确,科学目前无法解释它们究竟是如何来,又是如何去,如何控制,如何排除,对生命的具体影响……

动物的生命以身体本能为主,动物只会追求食物和交配,以便延续生命,这些是动物性本能。而作为万物之灵的人类,除了身体本能外,如果只关心饮食男女、物质享受,我们还能称为万物之灵吗?

我们对自己的精神力量不自信,于是崇拜神,觉得神比人更具有灵性和智慧,匍匐在神脚下的人不明白神、佛、菩萨皆是由人做,人人皆具备神性、佛性,人和神、佛、菩萨在本性上是平等无二的,唯一的区别在于人是否能够发现自己内在的本性。

人崇拜神、佛、菩萨主要是为了保佑自己,许多人在和神、佛、菩萨做交易,我供养您,所以您要保佑我。如果这个菩萨不灵,那就换个菩萨来供养,这些人内心一片空白,对我无利的,一定不供养,看不到效果的,一律无用。梁启超先生曾说:"佛教信仰乃智信而非迷信,乃兼善而非独善,乃入世而非厌世,乃无量而非有限,乃平等而非差别,乃自力而非他力。"

现代物理学发展是以牛顿"万有引力"为基础的,把物质归结为具有某些绝对不变属性质点的集合。对于所有能够具有机械运动的物质形态,物理学称之为"实物"。在当时的自然哲学中,称之为"实体"。把物质归结为物体,进而把物质看成实体,牛顿把质量定义为"物质多少"的量度,他认为在任何机械运动过程乃至在化学反应中,质量始终如一。质量被理所当然地看成是物质本身所绝对固有的,被看成"物质不灭"或"实体不变"原理的具体表现。

物理学在十九世纪末所取得的巨大成功,使得大家普遍认为物质是绝对实体的,因此"唯物主义"是在二十世纪处于支配地位的哲学。然而,二十世纪爱因斯坦"相对论"出现,找出了物质实体观的缺陷,相对论证明质量与速度有关,同一个物体,相对于不同的参考系,其质量就有不同的值,质量可以转化成能量。物质与能量是可以相互转化的,而能量并非"实体",物质也就不能再被看作是实体。

二十世纪后期,物理学以霍金为首,有了"弦论"。这种观点对物质的看法更进了一步,它的一个基本观点就是自然界的基本单元,如电子、光子、中微子和夸克等等,看起来像粒子,实际上都是很小很小的一维弦的不同振动模式。如果把宇宙看作是由宇宙弦组成的大海,那么基本粒子就像是水中的泡沫,它们不断在产生,也不断在湮灭。我们信以为真的现实世界,其实是宇宙弦演奏的一曲壮丽的交响乐,宇宙是由我们所看不到的细小的弦和多维组成的,认为时空的维数为十维。现代物理学家已有许多方案可以解释为何十维的时空看起来可以像是四维。近百年来科学的悖论在于:一方面以"唯物主义"为理论导向,而另一方面又解释不清楚"物质"究竟是什么。

当我们重审"物质是什么"这个命题时,在不断的发现中可能多数人会惊呼这个世界上还有什么东西是实在的吗?答案是:有!事物之间的关系是存在的!事物不是孤立的,而是多种潜在因素缘起、显现的结果。每一种存在都以他物为根据,是一系列潜在因素结合而成的。

佛法认为万物的本质是缘起性空,是因缘和合的产物。《楞伽经》云:"譬如巨海浪。斯由猛风起。洪流鼓冥壑。无有断绝时。藏识海常住。境界风所动。种种诸识浪。腾跃而转生。"好比大海平时风平浪静,但当狂风吹来,会生起浪波,宇宙的本体是不生不灭、寂静不变的,只是因内外境的影响,使本体随之浪潮起伏。

海水与波浪的关系,是本性与外境的关系,也是弦与乐的关系,它们是物质世界与宇宙本体的关系。搞清楚这些,会发现普朗克、牛顿、爱因斯坦、玻尔、海森伯、爱丁顿、霍金等科学巨人,这些现代科学对物质世界、宇宙的理解越来越亲近佛法。

科学是人类的共识和共业,是在人类进化过程中不断完善、丰富的,而可以被不断完善和修正的就不是真理,真理是永恒不变的。我们需要科学,但不能迷信自身处在不断完善、修正过程中的任何一种科学。宇宙和生命中有许多神奇现象需要我们去证悟,我们千万不要偏激,妄下判断,一会儿迷信科学,科学解释不通的,又去迷信神学。

现代社会,有不少"大师"正是利用了真假难辨的各种神秘现象,利用了人们的无知、盲目、崇拜,用各种手段迷惑世人,这种人从古至今没有绝迹过,有市场就有买卖。由于我们自己缺乏自信,贪图舒服不愿证悟,故而依赖神秘的现象或人事,这就是迷信,或者以自己有限的科学知识去自以为是地轻易判断无限的世界。

科学不是真理,科学是用来证明真理的。过度地沉溺于信仰或迷失信仰都是迷信。笔者书写"禅与生命丛书"的目的在于帮助人们靠自力找回自己,而非依靠他力、神力,我们人类应常对天地、圣人有敬畏之心,在不破坏的情况下不停止对未知世界的寻求和探索,领悟宇宙中每一个独一无二、不可重复的生命存在的意义和价值。

我们多数人曲解了佛法,佛法本是教化之法,非迷信、神通之用,就像儒家经汉、宋、明三变,越来越保守、教条、僵化。人的特性往往是被压抑克制得越多,逆反的思想或行为就越多,就如跷跷板,当您极致地"压制"一方,则另一方就跷得越高,生活在固步自封、离经背道的社会环境中,被封建思想束缚的人们,势必会反感封建礼教,抨击被曲解的传统文化,因此就有许多人,否定传统,全盘西化。

社会由形形色色的人组合而成,一个社会的稳定建立在社会规范、人心向善、修身、修养等内涵的基础上。"德、智、体"全面发展的社会群体是平衡的,但现在人从小就失衡地生活,过分追求谋生手段而忽略了创造力、想象力,学校过分注重升学率,如果师者只传授学生课本上的知识,家长只关心孩子的成绩、社会地位,长此以往,人从幼年即无法体悟到生命的意义,一个找不到意义的生命只有寄托在游戏、娱乐等他人引导的价值取向里,盲目地生活。

我们现在注重学生的"学历",古代时则注重学生的"学力",师者之道在于激发学者的悟性和活力。师者不光是用嘴巴教书,学生也不只是耳朵听学,师者的道德思想和行为操守,无形中都在影响学生,所谓耳濡目染、言传身教。在家长和老师的言行中,孩子从小形成了自己对于生命的理解和认知,逐渐形成了人生观、价值观、世界观。《礼记》上有两句话,"经师易得,人师难求",什么叫"经师"?教授各种知识的人是"经师";"人师"教的是为人的道理根本,师徒心气相投,学生"效仿"师者的人生智慧。

人最困难的是自律,控制不了自己的欲望、情绪,不断做出让自己后悔的事。笔者希望可以通过传播禅的功夫、智慧加强人们对生命的认识,通过实修实证转化躁动的心、无休止的欲望,净化身心,借天地浩然之气,孕浃浃明德之志。生命之力其核心在于人的"心力"。人生中无论感情、事业、健康、智慧均来自于克制和专心,不克制自己不断膨胀的欲望,不专心于某一人、一事是无法真正体会幸福和最终成就的。要想知道甜的滋味，尝一滴蜜就可以了，不需要一桶。一滴是"了然"，一桶则是"欲望"。

在"禅与生命丛书"中，我们将在《本能》里，分析健康和亚健康的起因，以及从脊椎、呼吸、饮食、睡眠、筋骨五个重要方面来阐述人的本能。

在《生存》中，将集中讨论人不可避免地与他人交往产生的各种问题，我们会从情绪、体重、环境、疾病四方面展开讨论。

《禅》是小说，用戏论之说将禅法秘要穿越呈现。

感恩中国禅智慧导师楼宇烈先生！

感恩恩师雪山博士！

感恩一路同行的诸善知识，您们的鼓励是我坚持下去勇敢前行的动力和源泉！

感恩各位耐心的读者，您们的热情和关心推动了"中国禅"系列书籍的传播！

悟义粗浅的心得体会多有不足，请读者们不吝赐教！惟愿以此清明无咎的心声供养十方有缘众生！

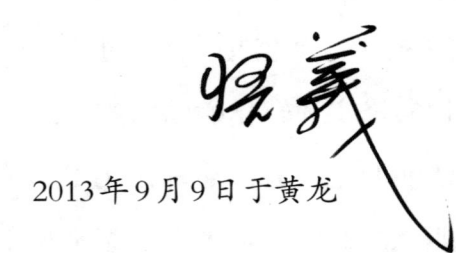

2013年9月9日于黄龙

目录

一

我睁开眼睛,透过窗户看到院外,犹如身处梦中:皎洁的月光下,一头通体纯白的六牙白象静静地站立在院子里,它,居然冲着我甜甜地在笑……

学生们都爱称呼我小珠老师,还有人叫我师父,可我还是喜欢原来的名字"白衣小珠"。

我今年78岁,滚滚红尘中,我感觉自己老了,这几年做事有些力不从心。40岁开始我受命传承禅法,三十几年虽然带了不少学生,但鲜有真心求法者。

这些学生中有许多很有悟性的,但他们有个共同的特点:对我个人很礼敬,却没时间修身心,对法、对禅、对一切都处于东顾西盼的状态,如购物般总爱货比三家。

我一年又一年地等着他们回头,我看着这些社会栋梁、企业精英,经历着健康、事业、家庭的高低起伏,可怎么就是不知道痛定思痛呢?

这期间有些人英年早逝,有些人疾病缠身,有些人家庭破裂,可一旦陷入这无止境的欲望游戏中谁又有力、气、能量自拔?一个落水者要耗费多少力气才能自己从水中自救?这欲望的漩祸、暗流汹涌如同宇宙间的黑洞一样可以吞噬各种能量的社会环境里,看着他们在人生的游戏中不断沉沦、迷惑和痛苦,是我苦恼的根源,面对迷路羔羊一样在火宅里生活的迷人,我觉得自己病了。

10年前生日那天,几个学生问我想要什么礼物。我说想搬去泰山住,为什么是泰山?我也不太清楚,仿佛有声音在召唤。

白衣小珠

学生们很认真地找地,去年终于在半山盖了一个小院给我住,取名"无来无去"。

泰山号称天下第一山,不是因为山高,而是因为这里是历代帝王祭天封禅之地。"无来无去"位于梨花坞,这里古树参天、溪深谷静、别有洞天,从院子里可以远望岱顶,可惜此时的我却少了"会当凌绝顶"的气概。

已是寒冬,冬天的山无疑是枯燥的,但对于身心疲惫的我却是一剂清心药。早晨上山的路上,雪花簌簌地往下落,四周的山峰酷似佛陀一样伟岸,他在翘首凝望着东方,满目慈悲……

我和学生们爬了近六个小时,来到小院。院子门口是几株饱经沧桑、笔直挺立、全身落满皑皑白雪的迎客松。雪把它们针一般的叶子变成一根根银条儿,它们默不作声地坚守着岗位。哦,我在想,什么时候我开始失去树的这种独立精神了?

下午进到"无来无去"时,我的心情是灰色的,回绝了送我上山的紫玉和明慧两位弟子的好意,坚持让他们放下东西就回去。他们走后,我独自坐在空荡荡的屋里,这个房间似乎在心底存在许久了,一切格局都是熟悉的,只是一地凌乱的物品犹如我此时凌乱的心情。

这个冬天的下午,暖洋洋的阳光照耀在身上,有些久违的融融温情。许多年了,世界各地不停游走的我,对独处一直有一种深深的依恋,深深的,深深的!

今天时间过得很慢,茶具放在哪里?纱帘怎么挂?铺什么颜色的床单?是不是该养条小狗?随着细节的步步深入,杂乱的心情逐渐清晰起来。顽皮的阳光跳来跳去地在整个房间里活动,无论被多少乌云

无来无去

遮挡也不知疲倦和抱怨的阳光啊,这就是生命原始的活力吧!天空一片金黄,被我掸出的尘土在光影里舞蹈,朦朦得有些诗意。哦,原来灰尘遇到阳光才会显现,心中的无明不也是遇到光明才会清晰吗?清晰了才好啊,想着想着,我看着光影中飞舞的尘土傻傻地笑了起来。

院子背后有一条小溪,从后窗可以看见溪水清澈极了,水虽然很浅,但热烈地奔跳着,像活泼的孩子,又如初始的我。

在弘扬禅法的这条路上,转眼三十多年了。我在想,究竟是什么在吸引我,激励我,让我多年来无所逃避?一如这阳光、溪水一样充满活力?又是什么力量在拖着我消沉?是年龄?是私心?我细细地注目着身边的这些物品、这山、这水、这尘土、这扑面而来的凉风、这满屋跳跃的阳光,但它们都不回答我。

真的有声音在召唤我,这个下午,和往常的日子一样平常:有萧瑟的树木、温暖的阳光,还有近几年不断消沉的心,这忽而安静忽而凌乱的心情和周围的一切一样,都是原汁原味的人间滋味。

我慢慢将物品摆放整齐了,屋子中间是既可以打坐又可以休息的禅床,床前面的窗户被我用宣纸贴了起来,然后挂了一层薄薄的纱帘,我想,早上起来时,打开窗,阳光和风一起吹动纱帘一定很美。禅床的边上我放了一个常用的大茶杯,在这寒冷的冬天里,边打坐边用茶熏面,出一身温温的汗该是多么幸福的事情。

四周的天空已经披满了鲜红的晚霞,一片片红霞笼罩着山峰,显出非同一般的丰富。今天注定是一个难忘的日子,我不知道下山途中的紫玉和明慧心情会是如何,有没有抬头注意到这烂漫鲜艳的红霞和夕照?我走出房间来到院子里深深地吸了一口气,太阳还没有完全落山,当天空从淡蓝变成青蓝,而后是纯粹的深蓝后,夜色一步步降临了。我回到屋子里在禅床上打坐,苍茫的夜色中,思绪渐归于平静……

二

我叫宇文及,是中大哲学系教授,可我现在最怕听别人介绍时说我是什么专家。

5年前,也就是83岁那年,我得了胃癌,开刀把胃切了一半,同年老伴因心脏病去世,女儿又查出乳癌,接二连三的打击,我以为自己挺不过去了。

没想到却成为了我人生的重大转折,之后有个声音在脑海里盘旋许久:究竟什么才是活着的意义?我找出尘封已久的佛经来反复看,没想到越看对自己过去的疑问越多,教了这么多年的哲学,我是不是在误人子弟?为什么自己在手术台上这么慌张、这么怕死,心里一片黑暗?站在课堂上讲了那么多年的生死啊,又有什么用呢?疑心一来,我就开始坐立不安了。

我一遍又一遍地反复阅读《金刚经》《道德经》《坛经》……最后我发现了我教的道理没错,但没用!为什么呢?就像一个人学习了一辈子游泳的知识,关键是必须跳下水,知识解决不了任何生命问题。悟到这个道理后,我开始在家里打坐、读经、抄经,倒是越活越年轻了,身体状态仿佛年轻了十几岁。我很后悔没有早些实证实修,如果早五年、十年知行合一,老伴和女儿可能也不会这样,就当是为了老伴重生一次吧,现在我又恢复了讲课,去年还带了两位学生,同事们看着我的变化都挺吃惊的。

今天上午我应邀去大觉寺给大家分享,两位学生跟我同行,东山是美国大学的物理学博士,元冥是德国的牙科医生,也是医学博士,她一年前关了自己的诊所,来到北京找我。这两人虽然一个学物理,一个学西医,但都对东方哲学有着浓厚的兴趣,我反正也是孤家寡人,干脆就让他们二人搬来家里和我一起吃住,随时探讨。

大觉寺位于海淀区阳台山南麓。辽国时始建,距今已近千年,初名清水院,金时改称灵泉寺,明宣德时期重修,名大觉寺。说起来挺惭愧,我虽然在北京生活了近四十年,但京郊的许多地方都没去过。

今天早晨天气很好,前段时间的阴霾让人总是感觉周围灰蒙蒙的,我们早早地来到大觉寺,三人心情都不错,一路上我跟东山讲历史:你看这山门朝东,体现了辽国契丹人拜日的信仰,东山博士出生在韩国,十岁后在美国生活,除了英语外,他还会讲中文、韩语、日语,是个不可多得的人才。

进入大觉寺,一下子静了下来,外界嘈杂的声音被挡在了山门之外,寺里显得格外清幽。我们走着走着,经过了山门、天王殿,来到大雄宝殿,我抬头突然看见头上有一巨匾,上书"无去来处"。

我的记忆仿佛停滞了,这情景怎么、怎么那么熟悉?

东山在旁边看着"无去来处"四个字,自言自语道:"诸法不动,无去来处。无高无下,无此无彼,无所从来,亦无所去,何有去来?无所在亦无所不在,好啊!妙啊!"

元冥看了看说:"这还是乾隆皇帝手书。"

我突然感到一阵眩晕,周围的人没有注意到我的表情变化,接待我们的人兴奋地在介绍:"对,是乾隆皇帝的手书,据说,他当年曾在这里剃度,有一次坐禅时入梦笑出了声音,寺内负责烧火的迦陵和尚拿起戒尺便打。乾隆不得不承认'仙阙少缘分,凡尘属寡人',之后悄悄回宫了。寺内的僧人都为迦陵捏把汗,但是乾隆皇帝非但没有惩罚他,而且还特派贴身太监来拜见迦陵,迦陵和尚后来当了大觉寺的住持。他从四川移种来的玉兰花就在外面,这树三百多岁了,与法源寺的丁香花、崇效寺的牡丹花,并称为北京三大花卉寺庙。咱们看那边,是迦陵和尚的舍利塔,建于清乾隆十二年,与北海白塔造型相似。"

他们正畅谈时,我忍不住席地而坐,看着院子中间那棵千年银杏树的满树枯枝发呆,后院梅花的清雅香气随着清风传送过来。可我,可我已经连续三天见到这情、这景、这匾、这话、这树,甚至还有这香气了……

三

"我们不能下山!"紫玉看着明慧,坚定地说。

"出什么事了?"明慧看着师妹有些着急。

"不知道,我有种奇怪的感觉。刚才送师父进院子后,我就觉得奇怪,你知道吗?师父的院子我怎么那么熟悉?门前松树的位置,院子上的牌匾等等这些情景,甚至那院子里的气味,我都连续梦到三天了。一切和梦中都一模一样,你说多奇怪?"紫玉说。

坐禅

"啊？你还梦到什么？"

"梦到师父到了就轰我们下山,还梦到我们没走,在院子门口见到了一头大象。"

"你疯了吧？这是泰山,而且还是冬天！哪里来的大象？"

"我也感觉奇怪,平时做梦都是做了就忘,这次不但不忘,而且连续三天都是一个梦,同样的场景,同样的内容,同样的气味、光线。今天上午出发时,师父出门时鞋带松了,都和梦中一模一样。"

"那你梦到后来发生了什么？"

"我见到了宇文教授和两个不认识的人,一男一女,还有浮鱼老禅师、水月禅师和一位小童子。"

"紫玉,你没有毛病吧？先是冬天见大象,浮鱼老禅师闭关都十多年了,宇文教授在北京。这些人怎么会在一起？你得幻想症了,我告诉师父去,让你改行写科幻小说得了。快走吧,咱们在这里不走,师父知道了会不高兴的。"明慧说着要继续走。

"站住！"紫玉脸都变了,大吼一声。

"哎呀,现在什么世道？女人这么凶巴巴的？好吧,听你的,这天很快黑的,山上那么冷,我们也没地方住,我虽然是你师兄,但一直没认真修过,师父把功夫都传你了,你说不下山在户外站一晚上我不得冻死？"

"咱们就在师父院门口这块'无来无去'的牌子下打坐,我的羽绒服给你,再传你御寒法,好不好？"紫玉一脸笑讨好地说。

"也罢！"明慧有些无奈。

"御寒最重要是点起身体的火炉,八脉里有一个阴跷穴,是身体的火炉,修炼自古有阴跷一穴秘不宣的说法。你记得师父传呼吸法时,曾讲过庄子说'真人呼吸以踵'吗?"

"记得,就是真人呼吸可以到脚后跟,我们修呼吸法需要将吸气的部位下移。"

"你现在呼吸到了哪里?"

"勉强到下丹田。"

"那吸到脚后跟,你认为还要修多少年?"

"我跟师父已经21年了,呼吸可以到下丹田,估计再有二十多年,会不会修到脚后跟?呵呵,可是师妹,我想象不出来呼吸怎么到脚?这大腿、小腿、脚后跟怎么呼吸啊?难道气吸进了腿部经络?"

"师兄,你21年叫冒泡修行。师父来了,你就过来冒个泡,平时不刻苦、不看书,师父对你多失望?常常不动脑筋问师父一些幼稚的问题,这些问题师父书上反复提到过,说明你根本不用心。"

"对对对,我错了!我以后一定改正。师妹你快说说怎么呼吸到脚后跟。"

"这是被无数人误解的话。'踵'是脚后跟的意思,庄子的这句话有两层意思:一是接踵而至,比喻呼吸若有若无却连绵不断;第二层才是关键,踵其实和阴跷脉有关,脚跟处是阴跷脉的起始,道家说'当呼吸之机,从阴跷迎归炉'。"

"啊?师父为什么一直没解释过?"

"因为你不专心啊,你没发现这几年师父变了?说话越来越慢,越来越少?懒得跟你们这些不用心的人讲那么多。"

"哎呀,仙女师妹,我知道错了,你快传我怎么呼吸以踵吧!"

"阴跷穴在哪里?就在人体的前阴与后阴之间的凹陷处。这个穴位与

火炉

我们头顶上的百会穴是一条直线的,我们打坐时就是阴跷穴和百会穴保持一条直线,你看看你打坐老是靠在墙上,驼背松肚地哪是什么直线?"

"我错了!好妹妹快继续讲!"

"这条线统摄着真气运行,当呼吸至阴跷穴时,脚跟上会立即产生酥麻感应。其实何止脚跟,全身都有感应,'真人呼吸以踵',阴跷脉的核心在阴跷穴,这里是人体热能供应的源泉,与性腺和肾气有密切的关系,好像一条蛰伏着的灵蛇,成三蜷半之形,其头向下垂落,一旦被唤醒,能够得到过人的精力。启发阴跷穴活力最快的方式就是配合呼吸法的打坐。"

"打坐,一是为调伏妄心;二是为提升正气,伏心为阴,提气为阳,动中静不离静中动。师父传我此法时在贡嘎雪山,她说修炼时环境越冷越利于打开身体的灵热,发动阴跷穴的能量。但打坐时必须保证身体不后仰,也不前倾,像你那样松松垮垮的可不行。百会、阴跷须成一条直线,全身放松;就好比皮筋,不能拉得太紧,当然也不能松软无力,要绷直但不紧张。坐时配合运气法,慢慢就会感觉尾部升起一股热气,你把这似有还无的感觉送入阴跷穴,但不要纠缠什么行气路线。只要无为一念,热力便已到位,如同在山中一吼,四处回声一样,当气到位时,全身像小草发芽般都有微微的麻热,这是非动非静的微妙变化,如泡在热水里一样舒泰,源源不断,修成后无论多冷的环境下一坐就感觉暖气发动。我跟师父修的时候正值隆冬,每天清晨在雪地打坐三小时,只穿粗布的外套也不冷。"

"今天太有收获了,师妹我们快开始吧!"我急不可耐想试试。

"好,我们先回师父的院子门口。"

四

"师叔,我们到哪里了?师公怎么突然出关了?这里这么黑漆漆的?我,我挺害怕的。"

"寂然,你跟着就好了,不要多问。"水月禅师五十多岁,微胖身材,说话不疾不徐,走路不急不慢。他旁边的童子看上去十三四岁。二人穿的衣服一样,个子差不多,头顶一般光亮,一胖一瘦走在一起相映成趣。

他们的前方是一位清瘦的老禅师,走路好像脚不点地,如同漂浮在空中,身不动,衣不动,几个小时听不见他一丝喘息声。

寂然显然是累得够呛,要不是师叔在旁边偶尔推他一把,他是决计会耍赖的。一边爬,他一边问:"师叔,师公这次闭关多少年了?怎么突然出来了?我师父怎么也不见了?我师父什么时候回来啊?"

"寂然,你师公闭关快12年了,这次提前出关一定有原因,你莫去问。你师父一向是不决所止,往来西东,他什么时候回来,我不清楚,你不要乱问乱想。"

"师叔,师公闭关12年,我今年14岁,我的天!我两岁时他就开始闭关了,他闭关吃东西么?"

"可吃可不吃。"

"他睡觉吗?"

"可睡可不睡。"

"师叔,我师公是不是全世界最了不起的人?"

"入深层定境时,心跳呼吸都近乎停止,身体对外界的营养依赖很低。"

"那靠什么维持啊?"

"真心和真气。"

"嗯,我听不懂,我也走不动了,师公走得太快了。师叔您跟我讲讲入定吧!"

"这孩子,要我讲可以,但你不许偷懒,要跟上。"

"嘿嘿,好滴好滴,师叔快讲。"

"今天讲讲晋朝的慧持禅师吧。"

"太好了,魏晋那时候的人好潇洒。"

"这个事情在《五灯会元》里有记载,说的是北宋政和三年(1113年),四川嘉州奏报,峨眉山一棵枯树被风吹断,树里坐着一位入定的僧人,全身被长发密密覆盖,手脚指甲长得绕身体几圈。"

"天哪,那不吓死人了?"

"当时的皇帝是宋徽宗,这个徽宗要不是皇帝就好了,他是著名的书画家,书法上首创瘦金体,爱画花鸟,他还写茶书,精文艺,但在政治上可谓昏庸无能,最后被金国俘虏受尽屈辱而死,终年54岁。"

"岳飞就是想救他回来吗?"

"是的,他和儿子合称徽、钦二帝,一起被俘。1113年的时候,他还没被俘虏,他听闻树洞里发现一名老僧,便下令将树里入定的僧人送到京师,译经院的三藏大师金总持鸣磬请僧出定。僧人出定后说:'我乃庐山东林寺惠远法师的弟弟,名叫慧持。和峨眉山相应,故此在树中入定。'他接着问道:'远公无恙否?'金总持说:'远公是东晋人,距今已经有七百年了。'僧人

闭关

听完低头默默不语。金总持问说：'法师现在想去哪里？'僧人答说：'陈留县。'那是他老家，说完便再入定了。金总持于是将他放入缸中转至河南省开封市南的陈留县入土。"

停了一下，水月继续说道："徽宗皇帝特地命人绘出僧人像，颁布天下，并作御诗：'七百年前老古锥，定中消息许谁知。争如只履西归去，生死徒劳未作废。'"

"哎呀，为什么入土了？慧持法师还活着啊！"

"别急，此事尚有下文，根据《重修峨眉山志》记载：明朝万历末年，陈留古庙因为要取土修庙，掘到底下后，发现有三个缸，其中一个缸坐着入定的僧人，群众喧哗不已。僧人睁开眼睛说：'现在是什么时候了？'众人答说：'万历某某年'。僧人说：'那还早。'就继续闭目入定了，任人摇，不为所动。众人惧怕，赶忙把土覆盖回去。"

"哎呀，这太有意思了，师叔，那慧持法师后来去了哪里？"

"我也不知道啊，法师是东晋人，他18岁时出家为僧，和哥哥惠远一起拜高僧道安为师。遍学众经，精通经、律、论三藏。兄弟二人拜别师父后，初到荆州，住长明寺，后到庐山，庐山上结庐的佛门弟子，风流人物，前后三千余人，慧持法师身高八尺，丰神俊朗，常常脚蹬草鞋，纳衣半胫，英秀超人。"

"师叔，为什么您口里说过这些佛菩萨和大师们都很帅？"

"谁说都很帅的？"

"您看，上个星期您跟寂然说的鸠摩罗什法师也是这样的丰神俊朗，还有什么神秀法师、玄奘法师等等，还有师公都119岁了，还这么高大挺拔，为什么他们都那么帅？寂然也想和他们一样。"

"寂然想和各位祖师一样丰神俊朗，必须好好修行，相由心生啊！说到鸠摩罗什法师，他和慧持法师也很有渊源呢！当时罗什法师在关中逍遥园译场，与庐山慧远、慧持兄弟二人遥相钦敬，致信问好，结为善友。他们的书信很有意思，惠远法师仰慕罗什法师久矣，希望得到法师指点，他写了一封信给罗什法师，法师收信后打开一看，就两个字：'实有'。罗什法师当即提笔回信，也两个字：'实相'。一字之差，境界天地悬隔啊！"

"师叔，这是什么意思呢？寂然不理解。"

"'实有'的意思是慧远法师认为轮回实际存在。'实相'的意思是什么呢？寂然自己参一参。"

"是不是说一切都是跟着心的变化而变化的。对不对？"

"寂然进步得很快！你将来需要进一步深层领悟罗什法师所说的深层含义。慧远法师认为人死后灵魂不灭，罗什法师认为人和万物、环境都是因缘和合而生，生死的灵魂轮回、聚散成形由于因缘所致，不是灵魂死后好像从一个房间走到另一个房间那么简单的过程。我们再讲回慧持法师，他听说成都一带土地肥沃，有志前往四川弘法。于是在东晋隆安三年（公元399年）独自到四川去。慧远苦留不住，叹道：人们都喜爱欢聚，唯有你却乐于分离，这是为什么？慧持也很悲伤地说：若是和凡人一样贪恋亲戚，咱们兄弟就不应该出家了。"

"这个法师真了不起。"

"对啊，后来兄弟二人悯然而别，慧持法师来到四川，住在龙渊寺，大力弘扬佛法。后来四川兵荒马乱，慧持避乱来到郫县，住在中寺。有个叫道福的反贼凶残无比，带兵来到郫县，到处杀人，血流成河。道福闻听慧持之名来到中寺，众僧人都害怕地逃跑了。道福闯进房间，他弹指洒水，神色淡

20 | 缘

实有实相

然,旁若无人。道福突然感到无地自容,汗流满面,灰溜溜地走了。出了寺之后,道福对手下人说:唉,得道的人就是与我们不一样啊!"

"我看师公、师父和师叔都是时时刻刻神色安详的。上个星期我把您最喜欢的茶碗打破了,吓得我中午都没吃饭,心里一直难过,可您回来一点都没生气。"

"日本有个一休宗纯禅师你听说过吗?"

"我知道,我知道!我看过《聪明的一休》,小和尚好可爱。"

"一休禅师确实自幼就聪明,有一次他像你一样无意中打破了师父珍爱的茶杯,小一休内心非常愧疚。正在纠结难过的时候,师父回来了,他听到师父的脚步声,连忙把打破的茶杯藏在背后。师父进门后,他忽然开口问道:'请问师父,万物是否都有生死?''是啊,这是自然的规律,哪有不死的?'师父慈祥地答道。这时,一休突然大哭起来,师父吃惊地问:'怎么啦?有什么伤心的事情?'一休哭着从背后拿出打破的茶杯,对师父说:'师父,您心爱的茶杯,它、它、它刚才死了!'"

"哈哈,我怎么没想过师叔的茶杯它、它、它也会死?"

正谈笑间,寂然突然呆在那里张大了嘴,水月禅师顺着寂然的眼睛望去,只见前方的浮鱼老师禅师微笑着合掌,他的身边豁然站立着一头六牙白象,而他的身后院子门上,居然挂着一幅和浮鱼禅房门口一模一样的匾:"无来无去"……

五

比雪山还白的大白象吸引着我的目光,我一步步跟随着它的白光走进院子里,我的脚如同在太空中行走一样漂浮。大白象通体发出柔和的光芒,它还在点头冲我微笑,普贤菩萨的坐骑就是六牙白象,难道?这是极乐世界?佛、菩萨在召唤我?

靠近时,大象温顺地跪下了前面两条腿,我忙合掌施礼后上去象背的巨榻上端坐。坐下后,看见一封书柬,忙打开一看:"小珠师妹如晤,一别经年,甚是挂念,今日师父略有不安,我问及师父近日身体时,师父曰:'日面佛,月面佛'。《佛名经》卷七载,日面佛长寿,可活千八百岁;月面佛短命,仅活一昼夜。我想师父不安,是知道自己将去,思念各位了。昨夜,师父说他将于二月初一于石门山圆寂,师妹见信后速乘宝象与众位大德来此一会。署名:愚兄大珠合掌贞元四年正月二十一。"

这个冬天的夜晚,我坐在温热的象背上犹如坐在火堆上一样。师兄大珠?大珠慧海禅师?他怎么会是我师兄?师父于石门山灭寂?难道……是马祖禅师?

贞元四年正月二十一?那是公元788年啊!为什么他们在千年前,而我会在这里?……

看着脚下这头大象,我记起了佛经里关于六牙大象的记载:从前,山林里面有一群大象,象王是一头六牙白象,几百头大大小小的象在象王的统领下和谐地生活着。其中两头雌象是象王的妻子,一头叫贤,另一头叫善贤。

象王发现了一池盛开的莲花,就用鼻子把最大最美的一朵莲花采来,想送给最心爱的贤。这时,善贤恰巧过来,看见了丈夫鼻子上的莲花,就说:"好漂亮的莲花呀,送给我吧!"说完,把花抢了过去,插到自己的耳边。象王不置可否地走开了,善贤回去后跟贤讲丈夫多么宠她,专门采花送她,亲自给她戴到耳边。

贤听了伤心、嫉妒、气愤,情绪激动的时候是容易失去理智的,疯狂的怒火越燃越剧烈。为了惩罚丈夫,贤爬到树林附近的一座高山上,山上有一个塔,贤来到塔前说:"你说爱我,原来在骗我!你真正爱的是善贤!来生我要为这欺骗复仇,我要捉住你,把你六颗牙全拔下来!"之后,贤从山崖上跳下去,自杀了。

不久,贤投生成为了公主,公主容颜秀丽、体态婀娜,长大后嫁给了邻国的国王梵摩达。梵摩达王十分宠爱这个美丽的王后,但王后没有忘记前生的宿怨。一天,她假装生病,躺在床上呻吟。国王连忙问候,王后说:"大王,我想得到一个用象牙制作的床。如果能睡到象牙床上,我的病就会痊愈;否则我就很快会死掉!"国王答应了,王后继续说:"普通的象牙不行,必须是一头六牙白象的牙,才能治好我的病!"于是国王立即通告全国的猎人:"有谁能够把六牙白象的牙献到王宫里来,得黄金一百两!"

猎人们各自携带有毒的弓箭前往山林,他们都披上了修行者穿的袈裟,在山林里寻找六牙白象。终于他们发现了象群,由于他们身穿修

日面佛月面佛

行人的袈裟,象王并没有警觉危险的降临。猎人越来越接近,突然他将毒箭射向了象王。象王中箭后并没有马上身亡,它疑惑地看着眼前的修行人,仿佛在问:为什么?

"你别这样看我,国王要你的六只牙,许诺了一百两黄金的赏赐!我们也没有办法。"猎人有些慌张地解释,听猎人这样说,象王一步步挪到大树旁,将牙插到树根下面折了下来,然后用鼻子卷起这六只象牙,放到猎人面前,说:你拿走吧,希望我以后能够像拔掉这些牙一样,把世人的贪婪、嗔怒和痴迷之心全部拔掉!

猎人把六只象牙拿回献给国王,并且陈述得到象牙的经过。王后听了,心里非常懊悔难过,此后,她出家修行积累功德,最终在佛指引下证果……

我尚在胡思乱想之际,一位老者转身跃上了象背,我定睛一看,大吃一惊!忙起身行礼:"浮鱼老禅师好!您何时出关了?"

"小珠啊,怎么十几年不见您也不见老?这驻颜神功何时也传给老僧?哈哈,我头发胡子全白了,像不像雪人?哈哈哈哈……"浮鱼老禅师真是个老顽童,快120岁的人了,还像个孩子。

"您们都请上来吧!"他笑眯眯地对着下面说道。

我吃惊地看见水月禅师手提着一位小童子的腰,轻轻松松地跃上象背。

随后爬上象背的是小徒紫玉,她不是下山了吗?再看到她身后的明慧也爬上来时,我就苦笑了一下,原来这两个人一下午没走。

巨象背的榻上坐了六个人,还是宽宽松松的。我心里在想,还有没有人?

六

东山博士,您知不知道教授要带我们去哪里?"

"不知道。"

"教授为什么不讲话?他从大觉寺出来就这样一个表情。"

"不知道。"

"我们还要走多久?"

"不知道。"

"您这就叫一问三不知,好吧,那既然不好去问教授,我们就聊聊吧。您为什么离开美国来这里?您想要什么?不会还是不知道吧?"

"我在韩国生活到10岁,3岁那年父亲去世了,六岁时妈妈离家出走了,我和哥哥一起被送到孤儿院生活。10岁时,美国的舅舅找到我们兄弟,可是哥哥不想去美国,他出家当了和尚,我跟着舅舅去了美国重新开始生活。"

"对不起,我不知道您的这些经历。如果不方便就不要说吧,我只是好奇。"元冥抱歉地看着东山。

"没关系,这些事情我也没跟其他人说起过,今天似乎很特殊,我就跟您讲讲我为什么来找教授。说到这里,不得不讲起我

驻颜神功

的初恋，我由于家庭的原因，在美国读书非常刻苦，一直到31岁博士毕业都没有时间谈一场恋爱。毕业那年，我去韩国看望哥哥，他当时在首尔的奉恩寺，出家我就住在离寺不远的地方。"

说到这里，东山抬起头来，看了看天，声音变得温柔了："我第一次看到她时，她刚大学毕业，浑身上下散发着挡不住的青春气息。那天上午我踏着台阶从寺院走出来，看到一位女孩独自站在寺院门口，像一朵白莲花。她凝望着寺院的大门，就那么一个人静静地站着，我仿佛感觉到一股清凉的风拂过我的面颊，一种久违的温暖让全身都触电一样。我情不自禁地走上前去向她问好，控制不住地跟她说话，她报以柔和的微笑。我们就这样认识了，接着我疯狂地恋爱了，我渴望时时刻刻都见到她，回到美国后，我每天给她打电话，她不接电话，我就写信，很想写些诗句，可是我什么灵感都没有。我连在梦里都希望听到她的声音，她的声音极其轻柔。"

"你们结婚了吗？"

"没有，她说，她想修行，她的愿望是当个比丘尼，以便使自己变得像佛一样安详喜悦。半个月后，我辞去了美国的工作，来到首尔找她，我要她嫁给我，做我的妻子而不是比丘尼。"

"她不同意？"

"她去机场接我，出来后，我们直接乘火车去了鸡龙山，在山里走了一下午。到了晚上饥寒交迫的时候，我们突然听到水声，循声而去发现了一池清泉安卧于山石中间，当我们垂视泉水时，能够看到月光温柔地洒在池水上，水底的每个卵石和每片落叶都在月光里映现。我们跪下来,饮那沁入心脾的清澈泉水,感到心满意足,然后我听到了这个世界上最美妙动人的歌声,她的声音如天籁一般,在这天界的声音里我投降了,放下求婚的冲动,她本该属于自己。"

"哦,您肯定很伤心。"

"没有,我感觉很幸福,我们躺下来互相拥抱着睡着了,一切都是那么安静,有虫鸣入耳、有明月入眼、有清风入怀、有恩爱入心,足够了。

"那后来呢?"

"第二天早上我醒来,看着身边这张甜美纯净的脸,和泉水一样,我想我已经比大多数人幸运了。"

"您就这么走了?"

"对,她醒来后,我吻着她的额头,她一直微笑地看着我。像佛前盛开的白莲花一样纯洁和安详。"

"后来您们有联系吗?"

"没有,我知道她出家后,法名叫妙音,她选择在鸡龙山修行,不知道和我有没有关系,我想她的声音足以叫妙音,那天音从心发出。经历了那次的感情后,我知道美好的东西不可久留,曾经来过就已经需要感恩了。回到美国后,事业就是我全部的生活,后来遇到了一位中国女孩很纯朴善良,我们结了婚,一切都很自然。可是后来越深入到物理、科学,我的心里疑问越多,最后我决定回来!补齐欠缺的这一课。"

"为什么越深入研究疑问越多呢?"

30 | 缘

修行

"简单地说吧,我们总认为眼见为实,可是我们的眼睛是多么局限啊,和看不到的世界来比,我们见到的不超过亿万分之一。有些动物的眼睛有红外线夜视功能,在夜里可以看到物体移动,用科学来说,凡胎肉眼所看不见的彩色光线,称为电磁波;而肉眼所能看到的光线,只是电磁波中非常小的一部分,用物理学的语言来描述,我们只能看到波长从300纳米到700纳米之间的电磁波,称为可见光的狭小波段,还不到1%;其他那些肉眼看不见的电磁波段,即那看不见的99%,则分别被称为无线电波、微波、红外线、紫外线、X射线、γ射线……"

"对,人的视觉很有限。"

"面对这广大的电磁波世界,还有宇宙中各种暗能量,我们简直是瞎子。如果我们都能看见,那么黑夜还能叫黑夜吗?一定是五彩缤纷、多姿多彩的。与眼睛的局限性一样,人的耳朵更是听力有限,只能听到20赫兹到20,000赫兹的声波,低于20赫兹的声波是次声波,高于20,000赫兹的叫高声波,我们都听不见,几乎是聋子。又瞎又聋的人类必须认识到自我的局限。"

"您说得太有道理了,我的心情和您相似,我是怀孕后迷惑的,之前我的工作和家庭生活都还算平稳,我很满足。但女人怀孕的时候,身心也会发生变化。体内婴儿在改变着女人。"元冥说。

"怀孕生子可以说是女人生命的一次大转折。"

"我感觉有一股新的力量在体内升起,会做以前不能做的事情。我怀孕时突然像个哲学家一样给自己提出了许多问题:这个孩子是谁?仅仅是我和我先生的结晶吗?那为什么同一个父母

东方哲学

生出来的几个孩子长相不同？性格不同？智力不同？寿命不同？运气不同？甚至父母对亲生孩子们之间的关爱也有差别……"

"嘿嘿。"

"于是，我开始对哲学产生了兴趣，越来越发现自己的无知，由此对我从事的现代医学产生了反思。人的思想、身体、心理活动真的可以拆分吗？每个细胞有没有独立的生命和思想？这些结合体和单个细胞的关系如何？人生前和死后有什么联系？孩子和父母之间是单纯的血脉、基因关系吗？为什么思想不能传承给孩子？脱离了情绪和心灵的医学真的可以治好人类的疾病吗？"

"您想的很有道理。"

"我中文基础还不错，于是我将《黄帝内经》、《庄子》等书反复研究。我发现每个生命都是有光的，有属于自己的光，能量越大光越强，好像佛光一样，您看教授年龄那么大，靠近他时会感觉很舒服、放松，这是他的能量场。每个生命体健康和疾病时发出的光不同，如果再仔细观察这些光，就会发现它们根据心和体内能量的变化而在不停变化，就像舞台背景的光随着音乐的变化而变化一样。印度的脉轮、中国的经络、道家的丹田，这些学说都在讲人体活着的状态中能量的通道。"

"用物理学来说，这些肉眼看不见的气和能量应该是一种电磁波耗散结构。"

"古人是如何能发现这些的呢？西医无法用解剖方式找到看不见的能量场，所以一直不承认，但事实是这些能量场通过东方传统的修炼法证实可用而不可见,不可见并不代表不存在,这也是我来中国最想解决的疑惑和挑战。我认为这种能量,符合物理学的概念,我来了中国以后,可以说越学越吃惊,太多的东西需要深入思考了。"

"我们都从各方面重新认识生命了。"

"东山博士,您在韩国的时候有没有听说过曹溪宗的西山禅师?"旁边一言不发的宇文教授突然问道。

"当然!西山禅师是朝鲜历史上有名的和尚,不仅是义兵首领,也是大禅师。我多次听我哥哥讲起西山法师和他的弟子们在卫国战争中打击倭寇的事迹。当时73岁的西山禅师率领弟子们,出生入死一次次击溃了入侵到平壤一带的倭寇,他是朝鲜的民族英雄。"

"西山禅师是什么人啊?"元冥问道。

东山看了看宇文教授,看到教授点头认可,就缓缓地讲道:"西山禅师1520年在朝鲜中部出生,9岁失去双亲,从小在冷漠和蔑视的社会环境中长大。他18岁出家当了和尚,悟道后行脚四方。1592年,丰臣秀吉派兵入侵朝鲜,朝鲜名将李舜臣与明朝大将李如松、邓子龙协力抗击日寇,同时西山禅师在妙香山号召朝鲜各地僧侣参加义兵斗争。由于禅师的威望,朝鲜各地僧侣热烈响应他的号召,禅师担任了总指挥,率领近万人的僧兵,向平壤挺进,在夺回平壤城的战斗中取得多次赫赫战果。"

"真是了不起啊!"元冥点头赞叹。

"东山博士,您是否知道西山禅师抗敌之前的际遇?"宇文教授问道。

"好像一直在坐牢,对不对?"

宇文教授点头。

"为什么啊?"元冥奇怪地问。

"禅师写了一些文章,批评世人只知贪图享受,追逐欲望,像蚂蚁一样地生活。当时的皇帝宣祖被人挑拨后见文大怒,把他打入大牢。""哎呀,这个皇上肯定要后悔的。"

"是啊,时隔不久日军入侵,宣祖无奈将他从狱中请出来,任命他为出世间二宗八道各门各派都总摄,募僧为兵。可是刚开始时,出家人批评禅师带兵杀生是违背戒律的,不但不肯出征还诋毁他。禅师说:'佛也有祖国。朝鲜的佛弟子应为朝鲜服务,日本的佛弟子也在为日本服务,正当有些日本的佛弟子甘当侵略者的走卒疯狂肆虐之时,如不投入消灭"杀生"元凶倭寇的战斗,那才是违背戒律,才是对民族犯罪。不要忘记僧侣也是这一国度的百姓。'后来全国各地僧众纷纷投入了僧兵团,人数很快达到了数万名。可惜禅师因为多年操劳,1598年日军败退后才六年,他在妙香山圆寂,时年84岁。"

"东山博士,您怎么理解佛法、佛教和佛弟子的关系?"

"教授,我认为这些不是一个概念,就好像民主体系、民主党和民主人士一样。"

宇文教授点点头,笑着没说话。

"教授,中国也有僧兵团吗?"元冥问宇文教授,"我对西山禅师的研究主要集中在为什么中、日、韩只有禅宗出现过大规模的僧兵团？其他修炼的门派例如道家和佛教的其他修行团体为什么比较少？或者说基本上是个人行为？"

"这个问题我没有考虑过，对啊，其他也是有功夫的修行门派啊！"东山思考着。

"我没有找到理想的答案。刚才元冥博士提到经络、脉轮、丹田，我也存在疑问，为什么禅宗经典上没有怎么修气、修脉、修身等等功夫的介绍，但我们都知道大禅师们个个功夫了得。有了这个疑问我开始特别关注少林寺，少林也是禅宗道场啊，达摩祖师在少林后山面壁9年后传法给慧可禅师，少林可谓禅宗祖庭之一了。

"少林应该算禅宗祖庭还是禅宗曹洞宗祖庭？"东山问道。

"少林寺历代杰出的禅师辈出，如唐初法如禅师，他是五祖弘忍的弟子，居少林寺六年，传法三载，被誉为北方禅宗领袖。此外，还有中唐的惟宽禅师，北宋末的惠初禅师，直到元代的福裕禅师，继承禅宗曹洞宗法脉。"

"这些都是赫赫有名的大禅师了。"东山点头道。

"早在五代十国时，福裕禅师曾邀集十八家武术名手来少林寺学习演练三年，各取所长，汇集成少林拳谱。这位福裕禅师应该说是少林真正繁荣之开山祖师。元世祖命他住持少林寺，后又授予其总领全国佛教并为禅宗领袖的地位，他任少林寺住持期间，修建被战乱破坏的寺院，并大力发展少林以武弘禅的修法。"

"少林寺有空前的影响力和少林一脉出僧兵的事迹有关吧？十三棍僧救唐王可谓家喻户晓。"元冥博士问道。

"这个故事家喻户晓和电影《少林寺》有关，与民间传说少林

圆寂

棍僧救唐王的事实有一定出入。唐高祖武德四年(621年)春天,李世民与王世充交战,这是唐朝开国前最重要的统一战争。开始时王世充已经兵败,但由于最后一支对抗力量窦建德的加入,战局变得复杂了,窦建德兔死狗烹决定率兵十余万增援王世充,李世民面临前后夹击的危险。当时对王世充的战场主要在洛阳附近,在洛阳与少林寺之间有一个地方原称柏谷坞,是隋文帝赐给少林寺的庙产,在寺西北五十里处,因其地势险要,属兵家必争之地,王世充将之据为己有,作为军事要塞,让侄子王仁则据守,自己坐镇在不远的洛阳,遥相呼应,抗拒唐军。四月二十七日这一天,少林寺武僧志操、昙宗等13人率众助战,联合王仁则手下司马,里应外合,抓住王仁则,献给了秦王,为李世民进军洛阳立了军功。三日后,李世民派官员至寺颁赏:赐柏谷坞四十顷,水碾一具,谕立五百僧兵,许其自立营盘,资费归公,开创了僧人公开习武的先例。很遗憾,对比刀光剑影、跌宕起伏的民间传说,历史有些平淡无奇。"宇文教授说道。

"东山博士,曹溪宗也是禅宗一脉吗?"元冥问。

"元冥博士,曹溪宗是在高丽王朝形成的,始祖是普照和尚,他在松广山吉祥寺,推行'心为觉悟之本,成佛不假外求'的思想,在高丽时期影响甚广。熙宗即位后(1205年)改此山寺为'曹溪山修禅社'。'曹溪'之名取自惠能大师传禅之地'曹溪山',故称曹溪宗。"

"现在韩国还叫曹溪宗?影响力大吗?"元冥好奇地问道。

"曹溪宗,一直以来就是韩国最大的佛教宗派和最大的宗教团体，修行方法以坐禅为主，至今为止不少禅僧还常年结冬、夏安居，我哥哥说有禅僧二十多年未出过禅堂。在普照禅师时期曹溪禅的影响就已经很大了，后来中国临济宗传入，也用曹溪宗的名义传禅说法，最突出的是高丽末年的太古普愚和懒翁慧勤二位禅师。刚才提到的西山禅师以及他的两名大弟子泗溟禅师和灵圭禅师，他们个个功夫了得。灵圭禅师的轻功独步天下，飞檐走壁如行平路，多少次刺杀敌首，日本人看见他的身影，怎么追也追不上他，说他像影子一样来去无踪。"东山博士说。

"像是泗溟禅师，战后他奉朝鲜国书任宰相到日本媾和，日本历史上有记载说他飞马进殿，从山门至内殿的几公里山路上石头屏风上的诗文，他下马后一字不差写下来，将日本人惊得目瞪口呆，只好将他奉若天神一般。"教授说道。

"当时代表日本媾和的大臣加藤清正问他朝鲜有什么宝物。他回答说：'你的头颅就是我们的宝物。'又问他：'什么意思？'他说：'我朝大王有令：如带回你的首级，赏黄金一千斤或封万户侯，这不是宝贝，是什么？'加藤清正听了吓得魂不附体，胆识超人的泗溟禅师代表朝鲜挽回了三千五百名被劫走的朝鲜人性命。"

"好厉害的禅师！"元冥不断点头。

"东山博士，您看看前面是什么？"

东山抬头一看，当时就惊了："教授！这、这、这'无来无去'不是和我们在大觉寺看到的'无来无去'一样吗？"

"你再往后看看。"

"大象？"元冥惊叫一声，"这怎么可能？"

"教授,莫非您早已经知道了?"东山冷静下来,看着教授问道。"我不但知道这些,我还知道可能我们将经历人生中最不可思议的一段旅程。您们都准备好了吗?"

一

九年没有见到浮鱼老禅师了,他老人家一直在山里闭关,能够再次见到他,实在是小珠的幸运!

1994年冬天,我奉师命千辛万苦到达鸡足山山顶,见到禅师的那天正好是冬至日,禅师百岁。

那年九月,师父让我转一封书信给老禅师,于是我带着刚进门不久的紫玉从广西动身,踏上寻找老禅师的旅程。

我们先进入四川,听闻老禅师近些年常在峨眉山,找了三天才找到一个不起眼的小茅蓬。正遇到水月禅师,对,就是现在坐在我对面的这位。

当时三十几岁的水月禅师英姿勃发,紫玉说这简直就是她心中的唐僧,怪不得白骨精想吃唐僧肉,这样的人物人间是见不到的……呵呵,这许多疯话都是明慧后来讲给我听的,这丫头面对面时还不敢乱来,当时水月禅师跟随浮鱼师父修炼八年多了。

禅师很安静地给我们沏茶,问什么,他都有礼貌地轻声回答。他说他平时几乎不下山,也不吃什么东西,跟外界也不联系。在见到我们二人前,他近三个多月没讲过话,一个人平淡地生活。紫玉乖巧玲珑也活泼好动,看什么都新鲜,眼珠乱转,坐了一会儿忍不住拿起禅师的箫,想

念 | 43

旅程

吹又感觉不好意思，就放下。她怎么跟猴子一样？禅师笑了，说他不介意，于是，这紫玉就上了天了，也不顾我在旁边吹胡子瞪眼地看她，自顾自地吹箫，吹的那个难听啊！唉，不提也罢。水月禅师告诉我们师父在鸡足山，让他在此独自闭关三年后再过去。他平时就往来于茅蓬和后面的山洞之间自修，白天在茅蓬精进，打拳站桩、解读经典、采气导引、弹琴吹箫、画画练字，晚上去后面的山洞打坐。

"你晚上睡觉吗？"

正说着，紫玉突然冒出这么一句没头没脑的话。

禅师善解人意地笑着摇摇头："打坐的休息很充分，不需要专门平躺着睡。"

"啊？那你准备三年都这么过啊？"

"是的，师父让我先这么过三年。三年后看我修行的情况再定。"

"你带我们去山洞看看可以吗？"

紫玉跟我不到一年，她很聪明也很热情，不过她没有接触过真正修行的人，所以误以为平时听课、打坐、抄经那些就叫修行。

紫玉对禅师晚上在洞里打坐不卧，感觉特别神秘和好奇，非拉着禅师带我们去看，那架势好像她未来也可以这么过一样。我虽然没有来过这里，但一听就知道山洞的情况，当年我跟师父在雪山修炼时的山洞，里面还长年不停地滴水，我每天用水桶接水，那水真甜润啊！

今天让紫玉亲眼看看山洞里的条件也好，哪有电影里拍出来的那么浪漫？

水月禅师打坐的山洞里仅有的几块巨石支撑着一个小空间，山洞虽高但十分窄，根本无法平躺，有一个大蒲团供静坐，出口很矮，仅容一

断食

人躬腰进出。

紫玉急吼吼地钻进去，我们就站在洞口笑着等她，果然，不到一分钟她就出来了，冲着我撇嘴眨眼，呵呵，她以为修功夫有那么简单吗？

其实不仅长坐不卧普通修者做不到，山洞里的寒湿也是没有一定功夫的人受不了的，稍有功夫的人在山洞坐三分钟就会通体寒冷了，苦寒之地原可助修行更上层楼，但修力尚不够之人不可勉强为之。

那天一直在下小雨，山路湿滑，水月禅师留我们用些饭再走。他到自己的小菜园子摘了几颗白菜，这个不大的小院子里种满了白菜，也有不少野菜藏身其中。做饭的灶台一看就是许久没用了，上面飘着灰尘。紫玉的兴致又高起来了，忙前忙后帮禅师拿柴，烧火，她笨手笨脚地煽风点火，不一会儿就灰头土脸地像个花猫，水月禅师只好去山涧挑水给她洗脸。

他们两人忙着做饭，我一人在屋子，看见禅师的古琴，想起自己好久没有抚琴了。于是，不自觉地抚弄琴弦。七弦琴啊，激荡之时，以无言轻抚世事云烟飘渺，唯不灭心音自性无来无去。

现在回忆这段往事，感觉有点好笑，一个小小的茅屋里，这厢是阳春白雪，那边做下里巴人，两不相扰，各自悠然自得。

吃了饭，稍事休息，我看看小雨将停未停，不好再打扰禅师清修了，于是便要告辞。水月禅师提出带我们从近路下山，不远处有一条栈道直通山下，栈道不知道什么时候修建的，修在悬崖上，禅师在悬崖上健步如飞，谈笑自如。雨后的山里还有许多雾气，紫玉看着雾中的栈道胆战心惊，栈道可能年代久了，踩上去有些嗞嗞作响，走了不一会儿紫玉终于不敢再走了，两条腿突突发抖，一步也迈不出去，我无奈只好请水月伸手拉着她走……

　　看到眼前的紫玉和水月，一晃十九年了，那个湿漉漉、雾蒙蒙的难忘下午，好像就在眼前。我们后来沿着岷江，过金沙江、澜沧江，来到丽江，从丽江到大理，终于到达鸡足山。

　　鸡足山与苍山、玉龙雪山、哈巴雪山为邻，有洱海、金沙江为伴，是佛教圣山。据玄奘法师《大唐西域记》载："迦叶承旨主持正法，结集既已，至第二十年，厌世无常，将入寂灭，乃往鸡足山。"迦叶尊者入定鸡足山华首门，奉如来咐嘱持金襕衣以待弥勒出世而授之。

　　鸡足山山脉因形似鸡足而得名。初为鸡足大王领地，迦叶尊者闻金鸡报晓寻到此地，要将鸡足山作道场。鸡足大王当然不肯，于是与迦叶尊者斗法，这结果么，不说大家也都知道。

　　我们一边登山，我一边跟紫玉讲鸡足山的往事。明代静闻禅师是著名的旅行家徐霞客好友，江苏迎福寺莲舟法师的法嗣，他修禅二十多年，刺血写成《法华经》，发愿将此经供于鸡足山。

　　什么叫刺血写经？现代人恐怕难以想象。《华严经》普贤行愿品云："如此娑婆世界毗卢遮那如来，从初发心，精进不退，以不可说不可说身命而为布施，剥皮为纸，析骨为笔，刺血为墨，书写经典，积如须弥。"除了佛陀外，历代祖师亦曾为此壮举，明朝憨山、妙峰和尚在五台山刺舌血写《华严》，将不可思议的功德回向于众生，这些血经也成为佛门瑰宝，接引学人发愿心。

　　刺血可不是像我们现代人用注射器之类的东西抽吸血管里的血，最佳的血是舌血，次之是臂血。刺舌血的方法是先把嘴张开，舌抵上腭，这时能看到舌下有两条青色的血管，从这里刺，这里的血最阳刚。

鸡足山

普通人的血在体外一段时间后就会变黑,为什么血经上的字一直鲜红不变呢?这是因为这些祖师们在刺血写经前三年就开始不吃含盐的饭菜了,这样做的目的就是让血书不变黑,你要是感到疑惑可以试试,新鲜血一加盐,马上就黑。

刺时用小碗接血,然后用长针尽力周匝搅之,去其血筋,这样血不糊笔,方可书写经书。若不抽血筋,则笔被血筋缚住,就写不了了。曾有僧人刺血写《华严》,血筋日堆,塑成佛像,高一寸有余。

崇祯九年(1636年),徐霞客来南京迎福寺与静闻禅师结伴同往鸡足山。行至湖南湘江渡口时,遇土匪抢劫,静闻禅师为掩护徐霞客和保护血经而被盗匪刺伤,他负伤落水,在水中强忍伤痛将经书举在头顶。脱险后禅师身体每况愈下,至广西南宁崇善寺时一病不起,于1637年9月24日圆寂。临终前嘱托徐霞客把他的遗骨和血经带到鸡足山。

徐霞客将禅师遗骨和经书背在背上,长途跋涉、日夜奔波,终于崇祯十一年(1638年)正月二十二日到达鸡足山。鸡足山上寒风凛冽,徐霞客强忍悲痛在文笔峰下亲手将禅师遗骨埋葬,将《法华经》供奉于悉檀寺藏经楼。

"紫玉,你看我们马上就要到那里了,你可不能忘了这段历史啊!后来寺灭、楼毁,遗骨和经书早已不存,空余徐霞客的《哭静闻僧侣》记录着这段往事:'晓共云关暮共龛,梵音灯影对偏安。禅销白骨空余梦,瘦比黄花不耐寒。西望有山生死共,东瞻无侣去来难。故乡只道登临少,魂断天涯只独看。'"

紫玉的眼里有一丝泪花闪烁,我们爬着爬着惊见那株空心树还在,这树经历了一千多年的风雨,曾经有位住在树洞内修行数年的无衣和尚。

静闻禅师、无衣和尚他们曾经来过吗？他们真的离开了吗？古树不回答我，它摇曳着一年又一年的春风秋雨默默挺立在这里。

"紫玉，这悉檀寺不是汉民修建的，是远离鸡足山的丽江木氏土司所造，土司家几代人都信奉佛教，他们在丽江建了福国寺，在鸡足山又建了悉檀寺，并恭请徐霞客住寺里修纂了流传至今的《鸡足山志》。最后当徐霞客病重临危，还是这侠义的土司派人用滑杆把他送回老家江阴。

站在空心树旁边可以看见不远处的护国祝圣寺，紫玉，见到祝圣寺，一定不能忘记虚云老禅师。当年虚云禅师两次上鸡足山朝拜迦叶尊者，但受当地僧团排挤而未能在山上结一茅屋。后应大理提督张松林盛情邀请，方在鸡足山上一破院钵盂庵立足。禅师发愿要在此扩建寺院，创立十方丛林，恢复迦叶道场。禅师在鸡足山15年，主持护国祝圣寺12年，因为有禅师，才有今天的护国祝圣寺啊。"

我们就这么在空心树下述说着如烟往事，好奇的紫玉东张西望，她突然问我："师父，为什么这里的和尚都那么胖？"

我定神一看，往来的和尚们确实一个个都是面包一样圆圆的，不禁乐了："紫玉，他们不是胖，你看脸就知道了。他们是因为天冷，穿了十几件长衫御寒。云南不像北方，冬天有暖气，长江以南的寺庙里，气脉没有打通的和尚们为了御寒，冬天很少洗澡、换衣，睡觉时也不脱衣，所以浑身都是圆的。"

"师父，通了气脉就不怕冷了吗？"

"当然不怕。"

"那紫玉也要修功夫。"

"好，你什么时候听话了，就传你冻不死功。"

"耶耶！太棒了！师父啊，为什么还有不少藏人也在这里磕长头？"

"紫玉，这些有一些来自梅里雪山、雅鲁藏布江以及各地藏传佛教寺院的僧侣，他们合十、下跪、俯卧、起身，做大礼拜，把风尘压在身下，用自己虔诚的身心，前来朝拜华首门，不为别的，只因为迦叶尊者在这里守衣入定，这里是佛门中的佛门。古往今来那些踏破古道、隐身树洞、走遍山川的僧俗信众，无论显密，都是为着来华首门敬献心香。"

和紫玉说着说着，我突然想到去哪里能寻找浮鱼老禅师了，由华首门可瞻仰鸡足山最高山巅天柱峰，那云霞中的楞严塔时隐时现，犹如佛在频频招手。反过来，在天柱峰就可日日见华首。老禅师必在天柱峰！

我立即带着紫玉飞奔上山，果然在山顶找到一个不大的小院子，说是院子，实际上是盖在悬崖边上的两间茅屋，对于禅师来说山就是自己的家，山里的一切生物、岩石都是自己修行的伙伴，没什么可怕的。

我想起了《观音赞》：圣慈悲愿观自在，海岸孤绝补陀岩，贯花缨络普庄严，度生如幻现微笑。有一众生起圆觉，即现三十二应身，壁立千初无依倚，住空还以自念力。

那是我第一次见到浮鱼老禅师，我们走近时，现在这个寂然童子的师父清潭禅师已经站在院门前恭迎我们了。紫玉奇怪，老想问他怎么知道我们会来？但看我恭敬地给老禅师行礼、磕头，她也只好乖乖地跟着行礼，没敢胡乱问话。

初见浮鱼老禅师，这是一位沉静安然的长者，眼神清远。我立即被一种清和渊深的气场所摄受。像什么呢？静水流深，松风清洌，圆月山间，碧岩独倚。

老禅师慈祥地观视着我，我将师父给他的书信双手呈上，他似乎用

梅里雪山

一目在看信,另一目看我,边看边哈哈大笑:"小珠啊,你这个鬼精灵师父又在琢磨老僧我了,他自己会那么多功夫,却要我来传你《达摩禅经》!"

我忙合掌施礼:"小珠不知道师父信中讲什么,师父交代我将信送给老禅师,并让我尽量留下多住几日跟禅师您请益。"

"嗯,他自己躲去哪里潇洒了?"

"师父常住贡嘎山,在画室作画。"

"你师父得大自在矣。"

"不敢,他也时常记挂老禅师,他说您老如慈悲点拨小珠,小珠必定一日千里。"

"你师父为什么让我传你《达摩禅经》,你知道吗?"

"请禅师慈悲开示!"

"《达摩禅经》为境地容易退转所修,你师父怕你失却初心啊!"

想到这里,我不禁全身一激灵,师父啊!十九年前您的苦心小珠今日方真正理解。原来近些年小珠心情消沉、做事偷懒,您早就预料到了啊。

可惜那天我还没有完全理解这层深意,只听老禅师继续讲:"也罢,你那宝贝师父心高气傲从来不求人,既然开口了,老僧也不敢得罪他,说起来我和你师父很有缘分。他这个怪人多年前曾来峨眉山会老僧。到了老僧清修茅屋他也不进来,坐在门前吹箫,老僧也不理会他,自在屋子里饮茶。他吹着吹着把这山前山后百千条蛇都引来老僧蓬屋前玩耍,那些蛇儿有粗有细,有大有小,红色、青色、杂色,有的就在屋檐上,还有的挂在窗子上,更有些抱成蛇团在扭动,吓得身边几位童子在发抖,让老僧还如何饮茶?"

说着,老禅师指了指身边的清潭禅师,继续说:"当时他在,唉,老僧无奈只好出屋,把蛇们请走,再把你那宝贝师父请进来,饮茶了事,他那么大年纪还如此顽皮,着实头疼啊。"

"哈哈哈哈,师公太有趣了。"我还没来得及答话,紫玉就实在忍不住大叫起来。我狠狠瞪了她一眼,吓得她吐了吐舌头。

清潭禅师看上去比水月禅师大七八岁,从引我们进门到我们喝茶说话,他都一言不发在一旁坐着,静静地如同佛龛上的佛像一般庄严,不知道今天和我们同行的寂然童子和他是什么缘分?莫非是他云游时捡到的孤儿?

二

我见到了梦中的小院,院子中间的六牙大象,还见到了象背上的红色木榻,迄今为止一切和梦里一模一样。

梦境里看不清象背上的人,上来以后才知道原来有小珠和她的两位弟子,还有久闻大名的浮鱼老和尚、水月禅师,这机灵的小童子叫什么?好像叫寂然,眉清目秀的,是个不错的孩子。

小珠和我虽然是老相识,可彼此真正了解是近五年的事情。

以前她来中大的讲座,我偶尔会礼貌性地出席一下,基本上没有什么交流。我对小珠的印象深刻倒不是她那一套禅、禅茶、生命什么的,我没兴趣听,在大学里四十多年,讲座听得还少吗?一般出席这些活动和论坛我主要是给主办方面子,盛情难却,台上讲的什么回家后基本上一句也不记得。对小珠记忆深刻是因为老伴,老伴是珠粉,开始我根本不知道什么叫珠粉,原来是小珠的粉丝,其实什么是粉丝我都不清楚,反正就是喜欢她吧。

老伴崇拜她,说她这么大年龄怎么还跟仙女一样,看上去不到五十。非让我找小珠要签名,还让我问她吃什么,怎么养生?你说我一个老头子追着个老太太,要签名,问这问那,我不是有病是什么?所以我坚决回绝了老伴的无理要求。可是老伴突然就心脏病发作,在医院抢救的时候,我心里十分后悔,如果早些请教,说不定可以救她一命呢?至少也会多活几年啊,唉!我的面子有那么重要吗?

我自己手术后,一天晚上在家里翻找资料,在书柜上突然发现小珠的书,这些书应该是老伴收藏的,看到书我的心好像被老伴抽打了一下,很痛。我忙把书拿下来,数了数居然有十几本,我一本本看起来,没想到有养生、功夫、禅脉、禅修、禅医、小说,这么丰富。

我动作比较慢,花了近半年时间,才把这些书看完,有的书反复看了两三遍,越看越好奇,越产生了浓厚的兴趣。不少问题我们的理解角度不同,我决定好好找她谈一谈。

得知她应邀再次来讲座,这次是我主动给主办方打电话,要求参加。讲座内容是我很熟悉的大珠禅师《顿悟入道要门》,我决定花一天时间去认真听一听。

那天我一直很专心,小珠在许多地方理解的深度让我吃惊。下课后我请小珠吃饭,那次开始,我们的话题越来越多。

记得那天晚饭时,我和小珠交流,我们都认为这个社会已经太浮躁。

56 | 念

梦境

小珠说:"宇文教授,菩萨畏因,众生畏果。我做事时会尽我所能,有缘之人会心有灵犀,无缘之人等机缘成熟可能会转为有缘。您看,我们认识十多年,彼此只是认识而已,那是缘分没到,今天您和我的机缘到了,结果不就自然而然了吗?何必刻意求果?"

我现在想起这些谈话,看着对面坐着的小珠,怎么能不再回忆一下触动我心灵的那节课呢?所谓妄念顿除,悟无所得,可能我还没做到,但那天课上突然对"心生则种种法生,心灭则种种法灭"有了新的认识。

最先打动我的,是关于定慧那几句:《涅槃经》云"定多慧少,不离无明;定少慧多,增长邪见;定慧等故,即名解脱"。说得好啊,我几十年无定而徒增知识,所以知障越来越重,许多知识的理解也有失偏颇,我常常对学生说勿存边见!自己却边见了大半辈子。

还有两段内容也难忘的:第一段讲法明律师不服大珠禅师,非说禅师修禅不依经典会落空的!禅师说:不是我落空,而是您会落空!法明惊问:为什么?我们依着佛说的经文怎么会落空?禅师说:经论属于语言文字,语言文字者本身是因缘和合而成,禅是借机、应机、随机应变,学人闻法而识途,词句本无固定解法;您专门在这些本来属于空的名相上面做活计,一层层人为地解释,执著和挂碍在这些枯燥、又被多次翻译的辞藻上,岂不是悬在半空,脚不着地吗?

每次想到这里我就有点心慌,给学生们讲了这么多年的课,自己真正领悟了多少?后人各自的理解和论述真是经文的本来意思吗?我的执著和法明律师何其相似?当年唐武宗灭佛,短短一年时间,那些依靠经论文字、佛像庄严的宗派遭受灭顶之灾,唯有禅法一脉独存,原因何在?

专心

可那个糊涂的法明和我以前一样不理解,反而倒打一耙,继续追问:"可您也在使用语言文字,怎么会不落空?"禅师说:"我不落空。""为什么?"

"我用语言和文字无一定之规,随缘任性,从智慧而生。所以我的文字和您的文字不一样,不是嘴皮子功夫;也不是一成不变的条文,这些语言文字是从般若自性中自然流出,起无边的妙用,这样的语言文字怎么会落空?知体达用,藉性显相,您说有落空的可能么?"

法明还是不服气,继续问:"经、律、论三藏都是佛说的,读、诵、依照佛的教导奉行,为什么不能见性呢?"

禅师说:"经、律、论三藏是佛性的自发显现;读、诵经文等等是人为的行为,您读诵那一刻的心如果和经文契合,便可从心中发出各种智慧,否则东施效颦的行为不可能转成智慧。就像疯狗追着丢出去的骨头一样,我们内在虚妄不实的妄心也都不是实在的,用这些形式和行为规范来套用在不可思、不可议、不可臆测、不可揣度的佛法上,您说能见性吗?"

已经被禅师讲得灰头土脸的法明,为了挽回面子,并且还想掂量掂量大珠禅师,别是因为他自己不懂经论,所以说经论没用,于是问:"阿弥陀佛有父母及姓否?"

可这个狡猾的问题难不倒禅师,禅师对答如流:"阿弥陀姓憍尸迦,父名月上,母名殊胜妙颜。"

"出处呢?"呵呵,法明心里是想知道你知其然,知其所以然吗?

"《鼓音王经》。"

这下法明再也无话可说了,于是心服口服赞叹而退。

随緣任性

随缘任性

这段话我反复反复地回味了很久,我以前做学问是真的和学问心心相印吗?还是如同大珠禅师说的那样是一种条件反射的行为?

另外一段话也很重要,有位法师问大珠禅师应以何法度人,禅师说他根本无有一法度人,并反问法师用何法度人。这位法师说他长年宣讲《金刚经》。

禅师问他《金刚经》谁说的,法师当时很不高兴,认为是禅师在戏弄他,"谁还不知道《金刚经》是佛说的?"这时,禅师便用《金刚经》的原话来回答他:"若言如来有所说法,即为谤佛,不能解我所说故。若言此经不是佛说,则是谤经。"这位法师愣在那里,回答不出来了。其实这个关键的区别就是有相和无相,不妨说:佛说法不取相而说,故言无说,亦不离相而说,故言有说。

我以前一直认为自己也曾讲法度人,哈哈,我是既着了法相又着了人相。认为自己很了不起在说法,是有相,有相就背觉了。说法和不说法,两不执取。关键在用智慧相应说法之机,此时法可说。关于这个问题,佛临涅槃时告诉弟子:谓我说法四十九年者非我弟子,谓我不曾说法者亦非我弟子。

那天我听到小珠讲"应于一切处无心,不取相而讲课,亦不离相而说法",被她触动了,我生病前,着在相里迷糊得很呢!

我和小珠那天晚饭吃了五个小时,畅谈顿悟法门,直指心源,唯求顿悟,关键在于破一切执,若不能彻破诸执,自性难于显现。

初学之人易于执有,进入修门后又易于执空,执空、执有都是二边,大珠禅师说,二边者病在二边,中道者病在中道,无二边亦无中道,把有、空、非有非空一起破了,让你心无所执,亦无所住,真正做到于一切处无心。那天真如醍醐灌顶一样,心中豁然开朗。

我方才明白禅为何不信持经有功德,也是在破执。其实佛法中有许多过渡阶段的方便法门,唯有修顿悟法门不同,必须走非常人所走的路,破执、破常!你看那些个禅师,哪有一个说人话的?正常思维的人根本看不懂,听不懂,都以为是精神病!禅师们命苦啊,要领着我们这些凡人快速到达目的地,用正常的方法肯定不行,因此东坡之酒、赤壁之笛,嬉笑怒骂,皆成文章啊!

连念经念咒也不许,执著打坐更不行,猫被南泉砍成了两截,灯笼被龙潭吹灭了;连不想抱姑娘的禅师,也被婆子一把大火烧了修行的庵子……唉,又砍、又灭、又烧,哪个修行的门里有这么精彩?这砍烧棒喝不就是为破执吗?这空前绝后的中国禅啊!

不向文字求,不向语句求,不向行为求,不向经典求,甚至不向佛祖求,这群疯疯癫癫、大开大合的大禅师们,怎是一般心胸的人可以理解的?一般根器的人还是选自己相应的过渡法门比较安全,如果拆了他们心中赖以依靠的假围墙,这些人反而无所适从。

悟道的禅师们是大成就者,见性之人,随机说法,字字珠玑。唯有善于领悟其精髓的人,才会受用无穷。如果你现在没有机缘领会,不必费心评论真妄,就像眼盲之人想象不出来花的艳,心盲之人体会不到花的美。

唉,我今天是怎么了?不停地回忆,我是不是应该先搞清楚,今天我们这一大群人坐在象背上准备去哪儿?

三

"一般人开始愿意修行,慢慢退转初心。这个退啊,在《达摩禅经》里讲,有三四十种退,实际上还不止。譬如小珠你这个宝贝徒儿叫什么名字?你别看她这几天听得蛮起劲,可能回去以后就变了,她会给自己找八百种理由不修行,事业忙啊,腿痛啊,孩子病了,如果心已打了退堂鼓,理由总是好找的。"老禅师每天都会跟我们讲几个小时《达摩禅经》。

紫玉被禅师讲得满脸通红,憋了半天,说:"老禅师,紫玉还没结婚,也不会退转。"

"哈哈,这孩子,好!你有决心好!好好跟着你师父修吧!"

出门后,紫玉悄悄地问我:"师父,什么是《达摩禅经》?您不是说达摩祖师留下的经典是《二入四行论》《洗髓经》《易筋经》什么的吗?您没有讲过有这个经啊!"

"《达摩禅经》不是达摩祖师留下的,是东晋时期佛陀跋陀罗法师译的。全书一十七章,其中'方便'讲二大甘露门:数息和不净观,'胜道'讲修者心识、行为上的变化,习禅上的退步、进步、定止,是修止观禅的基础。佛陀跋陀罗法师把五门禅融为一个整体,从色、受、想、行、识五阴的任何一阴,从地、水、火、风四大的任何一大,教学人从任何一方面,都可以进入禅观。"

棒喝

"您不是说止观禅最有代表性的是天台智者大师留下的天台六妙门吗?"

"天台六妙门止观修法的源头就在《达摩禅经》。"

"师父,佛陀跋陀罗法师是谁啊?这名字这么长?"

"他出生的地方原来叫北天竺迦毗罗卫国,是佛陀的故国,他也是释迦族的,甘露饭王的后裔。十七岁时出家,以精于禅定和戒律出名。后来他去了罽宾国,在那里遇到中国僧人智严,智严请他到中国弘法。他俩结伴回国,在旅途中历尽艰难,先走雪山,后改海道,辗转三年到达山东青州。晋义熙四年(408年),他俩听到鸠摩罗什法师在长安,就前去拜见。"

"罗什法师是那个吞针的罗什吧?"紫玉听到罗什吞针那一段最是好奇。

"是的,二位法师初见甚欢,但他和罗什法师修法不同,师承渊源也各异。罗什法师是龙树菩萨一派的大乘学说,而佛陀跋陀罗法师则传习小乘上座部佛法,修禅习定。慢慢二位大法师之间因为所见不同产生了隔阂。有一次罗什法师门下弟子道恒等人和佛陀跋陀罗僧团发生了冲突,佛陀跋陀罗不愿继续在长安停留了,于是和弟子慧观等四十余人离开关中,去庐山投奔慧远法师。慧远、慧持二位对法师像师父一样看待。"

"慧持法师就是在峨眉山的树洞里坐了七百年的那位吗?"紫玉对这些事情都记得特别清楚。

"对,佛陀跋陀罗法师在庐山曾译出修禅的专著《修行方便禅经》二卷,对慧远、慧持修习禅定有很大帮助。后来他又离开庐山往西,到了荆州,最后到了今天的南京,传习禅法。不久,法显法师从印度归来,他们开始合作,翻译法显带回的大量经律。"

"这些法师们真的了不起,这个法显老法师也是我崇敬的,记得您上次专门讲他求法的经历。说他在公元399年一行四人经河西走廊、敦煌到焉耆,向西南穿过塔克拉玛干沙漠抵于阗,这于阗就是今天出和田玉的和田吧?紫玉最爱和田羊脂玉了。然后又南越葱岭,经巴基斯坦入阿富汗,再返巴基斯坦,入恒河流域,达天竺,最后横穿今天尼泊尔南部,到东天竺,最后在一个什么复杂的地方?对了,摩竭提国学习佛典。师父,对不对?"

"是的,紫玉记忆力非常棒,义熙十四年(公元418年)他花了三年时间译出《华严经》五十卷。由于罗什法师先翻了《华严经》中的《十住品》,佛陀跋陀罗法师译本就完全采用罗什法师的译文风格,其余各品和它配合。佛陀跋陀罗法师最精通的是小乘禅法。《达摩禅经》从数息和不净观开始,进观界,修四无量,观蕴、界处,以至畅明缘起,达到禅定,这本书和大乘瑜伽体系非常接近,也容易被混淆。"

"什么是大乘瑜伽体系?"

"以《瑜伽师地论》为主的瑜伽体系啊!"

"师父,公元399年法显法师往印度走,罗什法师在公元401年,也就是第二年进长安译经。一个西走一个东来,我想到一个问题,您看佛祖、老子、孔子、苏格拉底这几位老人家是一个时期的。春秋时期诸子百家出来那么多思想、门派,为什么这些人都集中在差不多时期出现?分散一些,每个时期都有一两位导师多好?"

"紫玉,花儿为什么都集中在春天开放?"

"气候？花期？"

"开花需要什么条件？需要适合的气候环境，这是整体社会和国家的大环境，此为天时；然后，花的种子要发芽，发芽需要适合的土壤，《淮南子》怎么说？'橘生淮南则为桔，橘生淮北则为枳'，同样的气候条件和同样的种子，在不同土壤环境里结出的果不同，此为地利。天时地利具备了，就等人和了，天地人缺一不可，三者齐备，花便开了。"

"师父，我明白了，由于天时和地利的关系，许多人才都被埋没了，英年早逝或者无用武之地。"

"人和的意思不仅指个人能力，'和'有和谐、协调，与人相应之意，老子说：'高下相倾、音声相和、前后相随。是以圣人处无为之事，行不言之教。'《中庸》说：'喜怒哀乐未发谓之中，发而皆中节谓之和。'具备了'和'的能量的人，既可以在恶劣条件下变冰无比坚硬，也可以在高温、高压下化为气，聚散无常，更要心胸豁达海纳百川，波澜不惊。"

"师父啊，您说这些法师们怎么会又有超人智慧，还都个个是登山运动员呢？法显法师都六十了，穿个草鞋就能翻越帕米尔高原、塔克拉玛干大沙漠，冒这么大风险去遥远的国度求法，他不怕死在路上吗？"

"紫玉，无论是去印度求法的，还是来中国传法的祖师们，哪一个怕过死？60岁对于凡人已经高龄了，你看看咱们浮鱼老禅师，今年100岁了，你找时间跟他一起登个山，看看是你二十几岁的身体灵活还是他100岁的身体灵活？"

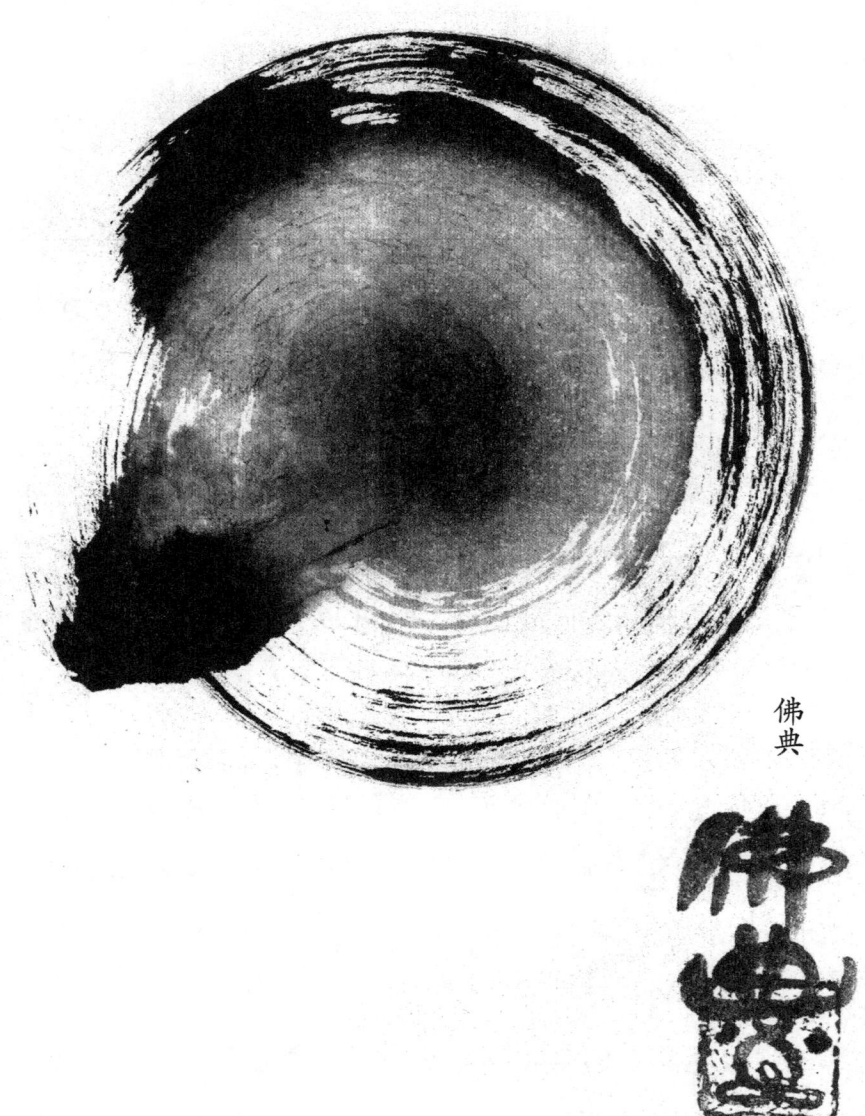

佛典

"我才没那么傻和他比呢!他吹口气就把我吹飞啰。师父,您说咱们这位清潭禅师无论什么时候,总是一动不动地坐着,他腿没毛病吧?"

"你才有毛病!"

"呵呵,紫玉不是好奇吗?没见过这样也不说也不动的木头人。"

"紫玉,你说清潭禅师木头人?哈哈,那你明天别死猪一样睡觉了,凌晨三点过来找他。"

"师父,您快告诉紫玉,怎么啦?"

"清潭禅师每天凌晨三点到五点都在天柱峰上炼气,在悬崖缝里的树枝上练箫,你想和他一起去吗?"

"不想,摔死了也没人赔我。师父,您怎么知道的?"

"哈哈,我和你一样有些好奇,我看他的功夫应该和水月禅师修的功夫相反,估计应该会在夜里起来炼动功,所以想看看。前天半夜我躲在茅屋后面,看见他出来后,脚尖点地跟着他上山,我闭气跟着他跑,就怕呼吸声大让他发现,他下脚时我下脚,他提气起身我才起身。这清潭师兄的轻功实在了得,大石头上如飞一般掠过。后来他下到悬崖下,在中间的树枝上站着练箫,我就在崖上看着他。过了大约一小时我就先回来了。"

"师父,我们俩睡在一起,我怎么不知道您出去玩了?呜呜……为什么去悬崖上的树枝站着吹箫呢?摔下去怎么办?"

"修者为了集中精神啊,你看道家有人用金鸡独立法和毒蛇对视。你睡得死猪一样,怎么会知道这些?元朝时有位禅师打坐的时候,常常昏沉,妨碍修行,就在西天目山的悬崖打坐。心想如果睡着便粉身碎骨了,他用这样的方法对治昏沉。忍到第八天,实在受不了,在坐禅中昏昏沉沉睡着一般,身体向前一倾,落到万丈的山涧中。他想这回完了,活不了了,死就死吧!"

"哎呀,好可惜!"

"别急,他没想到身子在半空中停住了,韦驮菩萨即时出现,这位菩萨总是护持修行人,菩萨用降魔杵把他托住,然后将他放回原位。禅师问:'是哪位菩萨来救我?'韦驮菩萨答:'韦驮!'禅师一听,马上想:'啊!我已经用功用到菩萨会来护法了!'紫玉,你看人多么容易妄想?于是他开心地问:'菩萨,像我这样精进用功的人世间少有吧?'韦驮菩萨一听,大声呵斥:'这世间上像你这样用功的,多如牛毛!你这么骄傲,以后五百世我都不来护持你了!'说完菩萨就走了。"

"这禅师脑袋有毛病了?"

"紫玉,你光批评别人,你想想有一次老禅师夸你,结果怎么样?你跟他讲像你这样年纪轻轻不去社会上工作,跟着师父修行的有几人?感觉自己多了不起?你说别人时有没有想起这些?"

"嗯,紫玉错了!"

"禅师被韦驮菩萨这么一骂,惭愧万分:'唉!菩萨这样慈悲来护持,我应该顶礼感恩才对,怎么这么狂妄?'一惭愧,发起愿心来:'韦驮菩萨不来护持,我还是要继续用功,如果再昏沉就摔死好了!'于是他又开始打坐,可惜坐没多天又昏沉了,再次跌下山崖,这次他想一定没命了。

"这次应该是真没命了。"

念 | 71

粉身碎骨

"可在快要落地的时候,又有人双手把他接着送上来。禅师问:'是哪位菩萨慈悲救我?'菩萨说:'韦驮!'禅师问:菩萨!您不是说我太骄傲,五百世都不来护持了吗?'韦驮菩萨说:'你一念惭愧心,就已超过了五百世,所以我再来护持。'紫玉你看看这命是谁定的?不是天定,不是菩萨定,是自己的心来决定的。一念之间,命就改了。"

"师父,这是真的吗?"

"历史和佛经上记录的事情,无所谓真假。真的、假的根据每个人理解的角度不同而不同。看你从中理解了什么,如果你理解为修行的人死不了,那你去跳悬崖看看,有没有韦陀菩萨救你?"

"紫玉绝不敢跳。"

"我跟你讲这些,不是为了让你分辨真假,而是让你领悟内涵。你看刚才的事情,有人会理解修行人有菩萨护法,有人也可能理解悬崖打坐对治昏沉,有人则会体会一念成佛,一念成魔。"

"师父,您再讲讲您和清潭禅师的事情吧。"

"昨天凌晨,我又跟他上山顶。他还是在树上吹箫,可是等我起身准备回来时,他在崖下发声对我说:师兄何妨下来一观?此处风景甚好。"

"哎呀,这木头人发现师父了?"

"我想他应该是前天就发现了,知我离开后也不会再跟了,所以才出声。"

"他怎么知道师父不会再跟?"

"跟着别人本来不雅,我这么做是不应该的。所以本来想起身回来,以后肯定不会再跟了。"

"那您下去了吗?"

"没有,当时雾很浓,崖下有鸟高亢的鸣叫声在空谷中悠悠地回荡,雾锁住了视线,人站在悬崖上好像漂浮在海中。低头往下看时,灰白色的雾气像暗潮汹涌、奔流不息的大河,我尝试一脚踏下,几欲乘雾归去。呵呵,万一摔一跤,可不是玩的。"

"师父啊,要是紫玉有您的功夫,肯定下去了。您不下去,这木头人瞧不起您怎么办?"

"瞎说!修行人哪里会逞强好胜?有那么多高低上下?不勉强自己的人,才会自在。你心里还有那么多虚荣,修也是修个相。"

"嗯,紫玉又错了。对了师父,老禅师下午给我们讲《禅经》,什么生命的重点是这一口气,气在体内有冷有暖,有粗有细,还有酸、痛、麻、痒、胀等等。什么修炼时没有病的人发病了,这不是功夫不对,是你身体内部潜在的病,激发出来了,叫'气冲病灶'。"

"说得对啊!"

"还有昨天讲的这安那入息、般那出息法,什么是触受、感触、感受、感觉;包括什么息长知长,息短知短,息冷知冷,息暖知暖,这些您不是早就跟我讲过吗?好像区别不大啊!我记得师父您曾经比喻夏天的时候,感觉呼吸气是暖的,但看不见。到了冬天,呼出来是白气,就有形有相了。感冒发高烧时,那个呼吸又粗、又急、又短,所以叫伤风。"

"嗯,你记忆力不错。"

"您以前让我感觉自己的气息,什么时候长中长、什么时候短中

74 | 念

吹簫

短，什么时候短中长、什么时候长中短，我刚听的时候一脑门子问号，后来开始修炼站桩调息功时才逐渐理解。师父，为什么师公颇费周折把您弄来老禅师这里，请他老人家给您讲这些连紫玉都知道的修法？"

"不知道。"

"还有老禅师也很奇怪，为什么这么慢吞吞一天讲那么少一点点，他是不是因为清潭禅师不爱聊天，没人陪着挺寂寞，希望我们多住一段时间啊？"

"哎呀！好痛！师父您干吗打紫玉……"

希望

一

看着象背上的这些人，心中满是期待和欢喜。

院子本来不大，这只庞大的大象身体几乎堆满了整个小院。月光照在雪地上、树上银光闪闪，我们就像到了童话世界。

松树上的积雪，像开满了洁白的梨花，一株梅花孤独地迎雪怒放，山上的晚风，呼呼作响，在山谷间回响如同虎吼。

我们几人坐在象背上静听寒风的怒号，奇怪的是无一人感觉寒冷。我回头看见我的房间，隐约有暗暗的灯光，心中竟然有一丝暖洋洋的喜悦。是啊，在这样松林如涛、霜月当窗的时节，就这样于此萧瑟的月光中一任幽邈的遐想在天空翱翔，往来于天地宇宙之间是多么的自由和美好……

这个小院多好啊！下午太阳照在屋子里的时候，暖得简直不像冬天。夜晚有月光和银白色的积雪，内外都是清亮的，和我此刻的心情一样地清亮。

宇文教授身边的两位博士和寂然童子，我都是第一次见面，但有种久违的感觉，这世间所有的相遇哪一次不是久别重逢？

曾经你为古刹，我为青灯；又曾经你为流水，我为落花；或者是你为风雨，我为石桥……

月光

月光

我深信，人与人之间生生世世都有着不能割舍的因缘，我们彼此就像一缕缕飘逸的轻烟，在一个个看似独立的故事里，忽隐忽现。看得见经年流水中的承诺，看不见绵绵因缘里的深情。

我时时感觉人生就像梦一般，大珠禅师的书信让我的心飞跃千年。我们这些象背上的、仿佛手握船票的旅客，登上了谁的船？我们与谁同行？又将飘向何处？

人和人的缘分为什么有些能千年维系，任凭世事变迁；有些却不过是刹那相逢，转眼便成了陌路？倒底是什么力量在冥冥中牵引着我们的因缘？

紫玉这孩子性格开朗，她自我介绍起来，啰啰嗦嗦的，从怎么跟我结下师徒之缘开始修行，到她的修炼心得，也不管别人爱不爱听，好像明慧偶尔叫她"麦霸"？在歌厅抢了麦克风就不放手的麦霸吧？还好，她最后还没忘记介绍一下可怜的明慧，比起她介绍自己上下五千年的演说，她隆重地用了不到一分钟就把明慧的前生后世都讲完了。唉，这孩子真是永远长不大。

我们这奇特的旅行团该怎么走？谁是团长？谁是导游？谁是司机？"小珠，咱们这是去哪儿？"我正想着，宇文教授兴奋地大声问道。"教授，您不知道去哪吗？"

"我啊，连续三天做梦看到这里了，但所有的情景都到了大家上象背为止，再以后的事，我也不知道，小珠啊，快给我们宣布答案吧！"

"可是，我和您一样，也不清楚啊！"

"怎么可能？"

"我刚才在房间里入定，感觉眼前有东西，睁眼一看是这六牙大象，上来象背，看到大珠禅师寄来一封信笺。"

"什么内容？"教授更兴奋了。

"说请我们去石门山，马祖道一禅师即将灭寂，让我们速去。但为什么我们这些人一起去？怎么去？去做什么？去多久？去了还能否回来？回来以后还是不是过去的我们等等，我确实一丝一毫也不清楚。"我老实地问答道。

"小珠啊，我刚才还在想你五年前讲大珠禅师《顿悟入道要门》的事情，正想问你，大珠和你什么关系？怎么这么巧？就收到大珠禅师的信笺？我们是要穿越时空回到过去吗？"教授兴奋地搓着手。

"教授，我也没穿越过，嘿嘿。"

"教授，您别急，既然我们大家都没穿越过，能穿越固然好，不能穿越咱们冬天骑在大象背上聊会儿天也不错。我说给谁听谁信啊？明慧，你带手机了吗？拍照放网上给大家看一下。"紫玉在旁边笑道。

"别天真了！拍照也说你是PS的。你快歇会儿吧！"明慧笑着说。

"小珠师父，请问您是出家人还是在家人？"东山博士突然说。

"你啊，什么在家人、出家人？听我道来，我师父是在家，也是出家，既在家也不在家、非在家也非出家，"紫玉说话像开机关枪一样。

"师叔，他们说什么？寂然听不懂。"寂然童子糊涂地看着师叔。

"紫玉说的是典型的四句吧？是、非、亦是亦非、非是非非。"元冥博士问道。

"对啊，这四句包含了一切人事物的森罗万象，万物、万事、万法的生起无非是缘起性空、性空缘起，都在这四句里了。"明慧明显在讨好紫玉，这个马屁精。

"明慧啊，用语言回答问题，不论怎么讲，要么是有，要么是无，要么

穿越千年

穿越千年

是亦,要么是非。好像无论说什么,离不开上述四句。但这只是语言游戏,非佛性,不要执著在语言游戏里。"教授开口说道。

"人类自从使用了文字语言就有许多的弊病,禅深刻了解文字的局限性,一切现象因为每个人理解不同,角度不同,说者的解释和听者的分析就需要智慧了,有时候把事情解释清楚是美德,可有时候呢,该说还是不说,就靠智慧了。现在世界,人人都过分聪明了。"宇文教授诚恳地说。

紫玉的样子有点不服气,但也不敢继续说话。

"禅者称语言为:戏论,因为容易一音多解,人喜欢听自己想听的东西,所以习惯曲解说者之意,对自己有利的就引用和记忆,自己不喜欢的就不采纳,因此别人转述的语言基本和原意不会一致。"水月禅师认同地说。

"我曾受师父派遣去一些地方讲课,目的在于帮忙大家提高智慧,但大家习惯一心多用、一心散用,边听边发信息、上网。学生听课的气氛和讲经完全不匹配。可能我在山里住久了,不太适应这样边喝着东西、手里发着信息,边讨论佛法的场合。回去后我跟师父说如果佛祖遇到这样的情况,是否会选择立即涅槃?"水月禅师微笑着说。

"尊重对方需要从礼敬来体现,师生也好,夫妻也好,彼此相应靠的是尊重、包容、细心。"东山博士点头说。

"世间的相应靠细心,而出世间性的相应靠悟性,缺悟性是功德不足,功德应从舍己利众来提高。我回来抱怨大家不认真,被师父骂了一顿,说我是功德不足。"

"这么说我没悟性也是功德不足了?"明慧自言自语道。

"僧璨祖师讲'欲趣一乘,勿恶六尘;六尘不恶,还同正觉'。如果想成就最上一乘的禅法，就不可以厌恶色、声、香、味、触、法这六尘。我一入世就心生厌离，哪里有什么菩萨心、行、道？这都是因为水月定力不够的缘故，没理解一乘是不二的，因为不二，六尘也是六种智慧；于色不住，于声不住，于法不住，大家不爱听水月讲法是我自己的问题。"

"六尘时刻以不同方式对我们身体构成干扰，其实产生干扰的都是我们自己心的投影。"东山点头说。

"由于自心不净，没有办法转烦恼为菩提，我们容易执著在心中的想象里，一直留恋、记忆，整天自寻烦恼。"水月禅师诚恳地说。

"哎呀，你们都这么能说，不也是语言吗？如果语言是游戏，又何必说？都变成哑巴了岂不省事？禅讲不立文字，后来也立了不少语录文字啊，说明还是离不开语言文字。"这个紫玉！

"白马是马吗？"明慧突然转身问元冥博士。

"当然是，白马和黑马、花马都是马，怎么会不是马呢？"元冥答道。哈哈，元冥博士看来要上明慧的当了，这小子练功不认真，嘴皮子功夫倒是天天练。

"错，白马可以不是马，首先我们把定义明确一下，马可以当做一个动物种类来讲，凡是具备马这种特征的动物叫马，对不对？"

元冥博士想了想，点头。

"可这个特征是我们人给它定义的对不对？我们为了与别的动物区别，所以总结了马的特征，叫它们马。可是小狗、大象叫它什么？不同种类中对马这样特征的动物区别定义不同，对不对？"明慧振振有词地说道。

元冥博士点头。他有些得意地继续说："所以我说白马非马，白马只

悟性

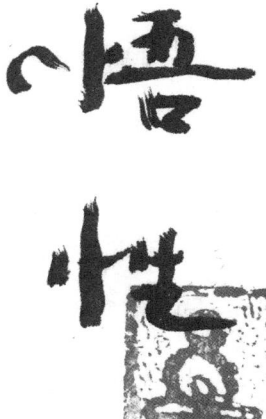

是马这种种类里的一小部分,一小部分非全部。白马非马的马不是指种类,而是区别马这种动物的名称概念,这合乎逻辑吗?"

元冥认真地想了想,没表示。

"白马中的'马'指的是马的形态种类,此为'名',而'白'指的是马的颜色,此为'色'。形态不等于颜色,名非色,所以白马非马,这合乎逻辑吗?"

元冥皱着眉,这下没点头也没摇头。

"马非马,是名为马。白马是马,白马也不是马,是名为白马,所以白马是马又非马,白马非马亦是马……"

元冥听得晕头转向,显然被明慧绕进去了。

"公孙龙以'白马非马'之辩让人无言以对。我记得有一次公孙龙过关,关吏说:'按照惯例,人可以过关,但是马不行。'公孙龙便说白马不是马,经过一番精彩的论证,关吏听后估计被公孙龙讲得脑子糊涂了,只好说:'你说的有道理,请你为马付过关的关税吧!'和小吏讲哲学基本属于对牛弹琴。"东山博士开始给元冥博士来解围了。

"'白马非马'这个理论用文字解释很困难;我可以尝试用化学反应和化学分子构成来解释。"东山博士显然来了兴致。

"请说!"明慧饶有兴趣地看着博士。

"你看食盐的化学成分是氯化钠($NaCl$)。只要说氯化钠非钠,大家都会明白。同样,碳酸钠非钠,硫酸钠非钠,氧化钠非钠。由此对应白马、黑马就都可以理解了。当然,我说氯化钠非氯也可以,钠本身作为一个存在,氯本身也是一个存在,两者结合却不是原来的任何一个存在。因为,钠和钠盐是不同的,钠非钠盐。白马也非马。明慧以为如何?"

"哈哈,东山博士真不愧是科学家,你说得有新意,但我不认可。氯化钠是钠和氯的结合,结合后产生了新生命,就像爸爸和妈妈结合生了孩子一样,白马却不是马和白两样东西结合出来的。"明慧眨着眼说。

东山博士听了,低着头在思索。

"我再分享一则故事吧!"久未开口的紫玉终于忍不住了,她逻辑性不如明慧,但记忆力好,我给她讲过的话,记得都挺清楚,只不过这孩子引用起来喜欢断章取义,挑对自己有利的话说。

"孔子的六世孙,自认为聪明的孔穿,为了驳倒公孙龙这个'白马非马'的主张,主动找上门去辩论,辩论是在赵国平原君家里进行的。孔穿对公孙龙说:'早就听说先生大名,愿为弟子,只是不能同意先生的白马非马之说!你如果放弃这个说法,我就拜在您门下。'公孙龙回答:'先生差矣!白马的观点代表了我的思想,要我放弃,我就没什么可教你的了。'接着公孙龙又说:'先生想拜师,总是因为我的智力和学术比你高吧;你给智力和学术都高过你的人提要求,究竟是你来教我,让我拜你为师,还是真心想来学习?'"

"这个公孙龙,真厉害!"元冥笑道。

"此时孔穿已说不出话来了,公孙龙继续说:'白马非马,你祖先孔子是赞同的。'暗示孔穿,孔子都赞同的,你孔穿能不赞同吗?公孙龙对孔穿讲:'当年楚王在云梦大泽打猎,张弓装箭,结果把弓丢了。随从们要去找,楚王说:'不用。楚国人丢了弓,楚国人拾了去,何必找?'孔子听了说:'楚王的仁义还没有到家。应该说人丢了弓、人拾了去,何必特别强调楚国呢?'"

"公孙龙真是好口才,太聪明了,这样一来,假设出孔子已把楚人和人区别开来,而他就没理由辩驳白马与马的区别了。高!"东山博士点头。

"真是雄辩家!"元冥博士笑着。

"对啊,公孙龙最后对孔穿说:'先生尊儒,却反对仲尼所赞同的观点;想跟我拜师,又叫我放弃我所要教的东西。你到底想学什么?'孔穿羞愧难当。"紫玉笑眯眯地讲。

"紫玉和明慧看来跟着师父进步都很快啊,文字是游戏,白马是马是事实,白马非马是哲理;对不同的人有不同的说法,这叫理事圆融,随类说法。说事时:白马是马;说理时:白马又非马。所以你们看,文字有错吗?我们的各种误解都哪里出来的?读经也是一样,经为至言,但还是文字,个人理解不同,一定要小心!不要着了相。"宇文教授说。

"教授,您说得对,我如果跟菜场的老太太说白马非马,黑狗非狗,她非说我有精神病;我跟智者说白马非马,他会点头微笑,不置可否;我要是跟我师父说白马非马,她肯定说你小子一边儿去默言打坐三小时!"明慧笑道。

哈哈,算他聪明。

"小珠,看来咱们这趟行程很热闹啊,每位大德都见解非凡。"突然一直闭目养神的浮鱼老禅师讲话了。

"老禅师,我想我们九人能在一起,是缘分使然,各人见地不同,让大家说说也好。"

"对,尽情发挥。还有一会儿到子时,我们子时便出发。小珠、水月!"

"是。"我答道。

"弟子在!"水月躬身答道。

"你们二人和我一起探探再回来。至于余下六人,继续玩一会儿。"

辩论

说完，老禅师微微一笑，随即入定。我和水月也一起冥想双盘。

不一会儿，我感觉自己仿佛一丝若有若无的气息一样，飘飘渺渺慢慢腾空，离象背越来越远。往下看时，大象在变小，象背上我们三人仿佛是三块一动不动的石头，另外石头边上是六只叽叽喳喳的小鸟，这一动一静格外分明。

我记得西方有人记录灵魂出窍的感觉，感觉自己离开了自己的肉体，在高处观照肉体活动。我今天怎么也这样观照自己的肉体？莫非我这次是灵魂出窍？

不对，灵魂出窍是无法自主的行为，通常是在死亡边缘挣扎时，发生的濒死经验，可以见到自己的身体以及周围的人们。那个时候，肉体是失去知觉的，甚至心脑活动也停止了，而入定不同，肉体的知觉是存在的。

我站在遥远处看"我"，这到底是在梦中还是清醒呢？

紫玉问过我许多关于灵魂的问题，我一直没有回答她，这些问题讲不明白。灵魂是什么？是身体内带有阴性的能量体，世间称之为灵魂。还有误解说阿赖耶识是灵魂。人身体里属于阳性的东西不少，可属于阴性的能量更多啊，凡人肉眼看不见这些。

灵性能量需要附着于阳性的物质才可以表现，例如念头是阴性的，念头带着意识就可以成形，有形就是阳性显现了。

人体内灵性的、阴性的、无形无相的物质都有穿透性。凡人不理解灵性，以为灵魂就是灵性，还有人把人的灵魂称为"鬼"，动物的灵魂称为"妖"，植物的灵魂称为"怪"，迷路的灵魂称为"魔"。这就是妖、魔、鬼、怪了，许多人误以为阴性都是负面的。由于对阴性能量琢磨不透，所以人才有这么大好奇心，但属于阳性范围的能量我们就了解清楚了吗？

长期以来,因为肉眼看不见阴性,所以人迷惑、恐惧、忽视。其实,最有代表性、最普遍存在的阴性能量是感情。自然界阴为聚,阳为散,阴为合,阳为化。阴和阳不过是人的一体两面。阴阳互根,相互依存,身体的气也是阴性能量,看不见的是气,看得见的是风。

我想起当年告别老禅师下鸡足山那天,临行时我向老禅师请教过关于梦的问题,我在山上住了十几天,连续做一样的梦。梦见自己在山中飞行,而且在将醒未醒时体会到了强烈而持续的失重感,如同坐过山车一般。

梦,本是心湖的倒影,梦中的预示和情景都是自己心中的影像。若有人告诉你,你在做梦,你不相信,什么时候相信在做梦?唯有醒后知道做梦,唯有觉知才知道此身一直在梦中,和自己的影子在游戏。

那天老禅师让我坐在他身边,我不一会儿就进入一种飞行梦,那天的感觉和今天相似,立体而清晰。我知道自己正在飞行,像看电影一样,看着自己在山中大树顶上缓缓飞行,在山谷中随风滑翔,身体可以根据我的想法往来穿梭在高低云海。我可以控制自己的飞行方向和速度。我指挥身体跳跃和翻滚,再后来不但我自己,甚至可以邀请别人来参与我的梦。

我先是邀请老禅师来喝茶,那茶的香味如此清新,口舌清甜和滋润。我又邀请清潭禅师带我参观他的悬崖,我刚下去悬崖站在树上有些飘飘然时,一抬头居然看见师父在天空中对着我微笑。

我和清潭师兄在树上打坐了一夜,默默无语,看着东方的天空,冉冉升起的太阳,在云层中若隐若现,若明若暗,翩翩起舞,天地一片生机。

当身边传来寺院里的钟声时,我缓缓睁开了眼睛,看着老禅师在向我

念头

微笑。紫玉和清潭禅师正在另一间房喝茶,仅仅数分钟的时间而我已经在山中遨游了整整一天。

我恋恋不舍地拜别老禅师,老禅师悠悠地说:"世人生活状态是沉迷于'我活着',小珠啊,你需要做到'我看着我活着'。"

时隔十九年,那感觉犹如昨天。

啊,不好!还没有约好我应该去哪里找老禅师他们呢!

二

"你们都错了!我认为现代人愚钝,所以才更需要显现神通!"是明慧在大声说话,这小珠怎么带的徒弟都那么有嘴巴功?

"对,佛教发展到现在,虽宗派无数而鲜有高僧,世界各地信众虽多而不得要领者更多。你看看现在寺庙里充斥着烧香拜佛、求富问贵,还把民间的算卦、求签、看相也带到佛寺里来了,奇怪的是不少僧人很满足这种情况。我去年去九华山,路上看见有僧人随地吐痰,还有人念经时带着手机,他们满足于此,真正的佛法当然鲜人问津了。"紫玉收起了调皮的样子,很认真地在帮着明慧说话。

"我也赞成明慧的观点,必须显神通,伏愚顽。"她坚定地站在明慧一边。

"我不这么认为！古往今来，靠神通弘法成功的有几人？按你们的说法那些大仙、神婆就可以普度众生了？"东山博士寸步不让。

"有个叫佛图澄的僧人你知道吗？虽然是外国人，佛法传入中国没有他可不行。"明慧问道。

"知道，他左乳旁有一个四五寸大的孔，直通腹内，有时肠子从孔中流出，就用絮将孔塞住。夜里读书，只要一拔絮，整个屋子都照得通明。每到斋戒日，他须去河边引水洗肠，然后再纳入腹内。"东山博士说。

"高僧弘法时适当展示神通，这也是方便法，能让人起信心，进而修行佛法。你们说我师父和二位禅师今天这样在我们大家面前入定，是否算神通呢？佛在世时，其本人及弟子也示现过神通。这位佛图澄法师，能够让嗜杀的皇帝乖乖尊顺，使佛教成为国教，没有神通行吗？"明慧大声说道。

"哈哈，你不怕你师父一会儿打你？"东山博士笑着说。

"咱们说的话她们听不见。"明慧笑。

这小子！胆子不小，他怎么知道小珠听不见？他是自己不会入定，以为入定就是睡着了一样，修到一定境界，任何时候身心都一样清楚，这功夫叫'寤寐一如'，以后他就知道了。我当然知道佛图澄，他是西域人。9岁时出家，聪明好学，能诵经数百万言。为东渡传教，他长途跋涉来到敦煌，学习汉语。晋怀帝永嘉四年（公元310年），79岁高龄的佛图澄来到洛阳，隐居4年后，从83岁一直到他117岁离世，这三十多年时间，他一直在世间弘扬佛法，利用政治力量帮助佛法度众。明慧估计要用佛图澄显神通制服两代帝王的事情来说话了，他肯定不理解佛图澄法师显神通背后的含义，让他先说吧！

果然不出所料，明慧说道："佛教虽在汉明帝时就传入中国，但影响并

神通

不大。佛图澄到洛阳时,正值天下大乱、生灵涂炭,83岁高龄的佛图澄,目睹此情此景,毅然放弃隐居生活,拜见正当权的石勒。不信佛法的石勒问:'你的佛法有什么好?究竟有何灵验?'佛图澄说:'佛法深奥,一时讲不完,我在这里给您看样东西。'说完拿刀挖出了自己的心,然后面不改色地把跳动的心拿给石勒,石勒大惊失色,当即拜服。"

"好像挖心时,他面前瓦钵里的清水还长出了莲花。他说他的心像莲花一样纯净。"紫玉补充道。

"对,反正石勒从此对佛图澄礼敬有加,深信不疑。后来他正式称帝,改元建平,史称后赵。佛图澄和后赵的命运紧密相关。石勒登位后,尊他为'大和尚'。石勒死后,其子石弘登位。第二年,石虎杀了侄子石弘自立,改元建武,迁都今河北临漳。"

"历史上称这个石虎是个杀人不眨眼的魔王。"东山博士说。

"这个石虎真是个杀人不眨眼的魔王,曾有人在他面前说他儿子石斌的坏话,他立即杀了石斌的生母及有关联的五百人。人说虎毒不食子,他儿子太子石宣犯罪杀了亲兄弟,石虎怒极,将儿子石宣活活烧死,还将太子官属三百多人统统车裂肢解,可谓惨无人道至极。"明慧点头。

"对,我就是看这段历史才讲他是魔王的。"东山博士说。

"要不是佛图澄多次劝告,他会更加凶残。石虎曾问佛图澄:'你主张不杀,然而朕为天下之主,不用刑杀就不能立威。我既已杀生、破戒,就算奉佛,还能得福吗?'佛图澄答道:'帝王自然与老百姓不同,只要体恭心顺、弘扬佛法、不施暴虐,不害无辜,就算是对佛诚心了。如果滥用天子之威,恣意杀害无辜,虽然倾其家财奉佛,也不能消除灾祸。

"佛图澄去世的那天,有人还见到他。石虎不相信,叫人开棺验看,果然发现是空棺,没有尸体。"东山博士补充说。

"他用佛法显神通,缓和社会矛盾,安定人心不好吗?没有神通,石勒、石虎怎么会把佛教当国教?"明慧反问东山道。

"你知不知道神通有哪些?"东山问道。

"怎会不知?佛法有六通,包括:天耳通,就是能够听到各界的声音;他心通,能感知他人心念;天眼通,可内视、透视、遥视、微视,还能了解事物真相及因果关系;宿命通,可以看清人生的因缘和合聚散关系、三世因果等;还有神足通,如日当空,无所不在;最后漏尽通,这个才是最了不起的!修者到此,才是回到了"家",其他不过在旅途中的过客而已。但这是最困难的一个神通,也是佛法的不共法。"

"还有还有,光眼通有五种:肉眼通、天眼通、慧眼通、法眼通、佛眼通。师父说这些神通功夫,是修者的见觉功能。"紫玉补充道。

"佛在《金刚经》中说:'若以色见我,以音声求我,是人行邪道,不能见如来。'"东山博士说。

"嗯,是的是的。"紫玉点头。

"据我所知,神通只是修行过程中的副产品,并不是修行的目的,目的是得清净心、菩提心、慈悲心,明心见性、了脱生死。神通是在修的过程中,不少人自然而然出现又可能自然而然消失的境界,就像人们吃饭一样,吃多了饭自然饱,没什么神秘的。"东山博士说。

"神通是什么?我认为就是能量,究竟什么是能量?谁看到过能量?"元冥博士说。

"对,谁能拿点能量出来给我看看吗?就像我们物理学中的粒子,还有粒子下面的夸克,这些是什么东西呢?我们在实验室里无法证明,原来是波,很多波叠在一起,能量很高的地方就叫波包。波,可以相克相生,两个波如果正好相反,叠在一起就对消掉。所以说正粒子和负粒子,碰在一起,正好对消掉。能量不就是这种正负之间转化的吗?正负能量碰撞,产生热量,热量转化成力量,力量作用下神通就有了。为什么有些人有神通,并且可以持久?有些人修出了神通可很快又没有了?心中负能太大的缘故,抵消了正能。所以我认为执著在无常的神通救众生的思想根本不可靠,关键是要让佛法体现在现代人可以理解的范畴,而不是显什么神通。"东山博士正色说道。

"我认为佛的真正神通是佛真正觉悟到了宇宙的真相,所以他教导弟子要通过修行,自我解脱,摆脱轮回。"我终于被他们吵得忍不住讲话了。

"教授讲的有道理,神通广大并不代表是得道之人。"东山博士冲我笑着点头。

"惠能祖师的弟子南阳慧忠禅师是当时的国师,当时有个有神通的'大耳三藏',在京城被传得很神异,南阳禅师便被请去试试这大耳三藏。禅师问大耳三藏:'我在哪里?'大耳三藏说:'你是一国国师,为什么在天津桥上看猴戏?'禅师说:'对。'然后入定,接着又问:'我在哪里?'大耳三藏说:'在江边看赛舟。'禅师说:'也对。'然后深入禅定,出定后又问:'刚才我在哪里?'大耳三藏支吾半天回答不上来。禅师说:'你这野狐精!'便让人把他驱逐出长安了。禅师仅仅去了初禅之地,野狐的道行就跟不上了。"

"哈哈,教授这是真的吗?"听我这么一说,紫玉两眼发光。

"不少修者热衷追求神通,且以神通大小来评断自己师父能力的高低,若以此为择师条件,您就很可能已拜到擅长使用魔通、鬼通的外道邪师为师了。紫玉、明慧,你们说说你师父有什么神通?"

夢幻泡影

梦幻泡影

"嗯,不知道。

"那你师父有没有让你们去修炼什么神通呢?"

"没有,我打坐时,有时会眼见佛光一样的明光,但我跟师父说一次被她骂一次。"

"对啊,修者光有正知正见还不够,要对境不迷,要有定力,我以前就是缺乏定力,所以不可不慎!迷恋神通会走入歧途。"

"教授,您说迷恋神通不行,但没有神通就可以了吗?佛图澄如果没有神通,光有哲理,能广大佛法吗?"明慧还是不认输。

"明慧,佛的十大弟子中谁的神通第一?"我问他。

"当然是目犍连尊者。"明慧痛快地回答道。

"你知道他怎么死的吗?"

"好像是被乱石砸死的。"东山博士看明慧低头在想,就替他说。

"对,目犍连尊者死于裸形外道的暗杀,一般认为,他是无意抵抗业报,而并非没有预知。"我缓缓地说。

"为什么啊?"元冥博士十分不解。

"这事说来话长,目犍连是梵语,他的名字叫拘律陀,拘律陀是一种树的名字,目犍连尊者的父母向拘律陀树求子,生了他;所以以树名,作为他的名字。目犍连尊者的母亲虽然求神,可是不信佛、不信法、不信僧,生前毁谤、破坏佛法,所以死后就堕地狱去了。等到目犍连证了罗汉果之后,他就遍观世界,找母亲;一看,母亲在地狱挨饿。于是,他就托了一钵饭,给他母亲送去。殊不知这饭一到她的口里,就变成了火;因为她的业障太重!所以什么都不能吃。神通第一的目犍连尊者,看着母亲挨饿,能有什么办法吗?没有法子的目犍连只好回去找师父哀求。佛就给他出一个方法:在每年七月十五设盂兰盆供,这样你的母亲就会离苦!你看现在每年到了这一天,每一个寺庙都有盂兰盆法会。"

"原来盂兰盆法会是这么来的啊?"紫玉惊讶地说。

"对啊,佛陀是位善巧的老师,能引导无数人入解脱门。因此许多人从其他教派幡然转向佛陀的僧团。有一群裸行外道忿恨不平,他们认为佛弟子中目犍连尊者神通最厉害,就计划除掉他,让人们不相信佛法。"

"这逻辑奇怪。"紫玉说。

"那时,目犍连独自住在王舍城外,仙人山黑石窟的森林孤邸。当杀他的人第一天接近时,他早已知道用神通从钥匙孔溜走。翌日,杀他的人又回来,这次尊者升到空中逃脱。这帮人隔月又来,前后六次才抓到他。尊者并非因为怕死而逃脱,他使用神通,并非为了保护他的身体,而是为了免除凶手们谋杀阿罗汉的业报,他给他们机会开脱。但愚人是不计后果的,第七次,尊者没有再逃,他知道他有积业没有还清,于是他们进来,将他打倒,用石头猛击他的头,直到尊者的头碎如瓦片。尊者并没有死亡,他凭借定力,凌空来到佛前,顶礼完师父就在佛陀脚下进入涅槃。明慧你追求神通,你的神通能超过目犍连尊者吗?神通第一的尊者为什么不用神通避免惨死?"我对着明慧说道。

"教授,那您说除了佛的弟子们,他们都是佛经上的人物,毕竟大家没有见到。咱们中国历史上的禅师们到底有没有神通?"明慧低着头已经不说话了,紫玉还在追问着。

"也有也没有。"

"详细说说?"

"宋朝有一位飞锡禅师,知道不知道?"

定力

"不知道。"紫玉很老实地说。

"我知道,有一次,他云游时看到军队打仗,周围老百姓不堪其苦。他苦劝双方不要再打了,可是打红了眼的军队谁肯听一个出家人的话?多管闲事,让他走开。不得已,禅师把锡杖往空中一抛,自己也随之在天空中飞舞。鏖战激烈的兵士看到半空中有个人飞来飞去,啧啧称奇。不觉停战,看得发愣了,忘了打仗,以后他就得了飞锡禅师的封号。"明慧说道。

"看来明慧对这些有神通的人都挺了解。这位禅师俗姓邓,名隐峰,福建人。他和师父马祖有许多有趣的公案,说有一次邓隐峰推土车上山时,恰逢马祖伸脚坐在路上。隐峰就对马祖说:'师父,请把脚收起来。我的车过不去了。'马祖故意说:'已展不收。'隐峰也不让,说:'已进不退。'师徒两人相持不下,你根本想不到,最后他居然推着车子从马祖脚上碾过去。被碾伤了脚的马祖回法堂后,提着板斧对僧众说:'刚才碾伤老僧脚的人,给我出来。'邓隐峰于是就走到马祖跟前,伸长脖子,马大师却突然放下了斧头哈哈大笑。"我说。

"哈哈哈哈!教授您说得太逗了。"元冥大笑起来。

"隐峰禅师示灭时,问僧众:'各方禅师示寂时,有坐着的,有躺着的,有没有站着圆寂的?'答曰:'有。'隐峰禅师说:'有倒立着圆寂的吗?'众僧异口同声地回答:'没听过。'于是,他就当众倒立示寂了。"

哈哈哈哈!元冥笑得快喘不过气了:"这禅师太有个性了!我喜欢!"

"明慧,你说他有没有神通?"

"有!"

"韩国近代著名的性彻大师1936年在海印寺出家,也曾在许多禅院安居过。他常常几月不食,悟道前常坐不卧八年,直到1993年才去世,得舍利无数,人称'第二释迦',你说他有没有神通?"我再问。

"有。"

"比丘尼圆照法师是在陕西长安县观音山法华寺修行,也是1993年去世的。93岁的圆照法师入灭时说:'我将心留给众生。'便闭眼盘腿坐化了。四天之后,弟子们在寺内的大青石板上架柴荼毗。大火烧了一天一夜,法师遗骨成灰,牙齿等形成一百多颗大小不一、形状各异的舍利,法师的心脏久焚不化,成为一个黑褐色的物体。你说她有没有神通?"我不依不饶。

"有。"

"对啊,这几位你说有神通之人都是一生住在庵内说法,他们应该随便显显神通就可以弘法了,为什么还要这么艰苦?我记得你师父曾和我讲,有人问大珠禅师:如何得神通?禅师说:'神性灵通,遍周沙界,山河石壁,去来无碍;刹那万里,往返无踪;火不能烧,水不能溺;愚人自无心智,欲得四大飞空。'明慧,神通每个人都有,只有愚人才追求这些。"

"嗯,教授说得是。"明慧脸红了。

"究竟什么是舍利子?"元冥转头问东山。

"舍利,是佛之骨,成就者的灵骨。佛荼毗后的舍利,焚之不毁、击之不碎。舍利一般有三种:白色骨舍利,黑色发舍利,赤色血肉舍利。传佛入灭时,从自性中引出三昧真火,使肉身火化,弟子们在灰烬中发现了4颗牙齿,以及指骨、头盖骨、毛发等物,这就是佛舍利。修者如久离淫欲,精髓充满,灭后火化会留下舍利。目前对于舍利子的形成,科学家们没有找到解释的答案,这是佛法的不可思议。"东山博士答道。

"真是不可思议。"元冥赞叹。

"说到这里,有一位我特别佩服的性空禅师。你们谁知道他?"我笑着问大家。

"知道,知道!直须穷彻无穷底,踏倒须弥第一峰。"紫玉答道。

"我也知道。"明慧缓过些劲来。大家都微笑着看着他说。

"他确实让人敬服,建炎初年(公元1127年),北宋亡国汴京陷落,徽钦二帝被俘,高宗在商丘(应天)建立南宋。这个高宗原为康王,据说臂力很强,史书记载他能拉动一石五斗,大约二百斤力的弓,据记载岳飞能拉动三百斤力的弓。"

"哇!高宗原来不文弱啊!"紫玉惊叹道。

"当然不是!靖康元年(公元1126年)冬,金兵南侵,他奉命出使金营求和,后逃出金营建立南宋。"明慧补充。

"请继续说。"紫玉鼓励他。

"此时天下大乱,有个叫徐明的起兵造反,杀人如麻。性空禅师刚好云游至乌镇,看到哀鸿遍野,殍尸塞流,禅师慈悲心大起。于是独自前往贼营。贼兵怀疑禅师为奸细,挥刀要杀禅师,禅师毫无惧色,说:'你们要杀我,可以,但什么人能替我撰写祭文以留传后世呢?'贼兵们有些纳闷。性空自言自语地说:'你们都不肯,那我就自己写吧!'随即提起秀笔,在断墙上飞快地挥洒,'呜呼!六十余年,和光混俗。四十二腊,逍遥自在。逢人则喜,见佛不拜。可笑!可笑!可惜少年郎,风流太光彩。坦然归去付春风,体似虚空终不坏。'叛军见状都吃惊,人越聚越多来看,突然禅师惊天动地一般狮子吼声震耳欲聋:'劫数既遭离乱,我是快活烈汉,如今正好乘时,便请一刀两段。快斩!快斩!'在一旁观望的徐明被禅师吓得瞠目结舌,赶快放了他,带军撤离乌镇,从此禅师声名远播。"明慧说。

倒立

"哎呀,这些禅师怎么一个个狮子一样威猛?"元冥赞不绝口。

"现在还有几人是大丈夫?男人成天女人一样斤斤计较。可是明慧,你光会讲历史,你也吼一声我听听。"紫玉怪声地对着明慧说。

"都忙着赚钱去了。"东山博士笑道。

"明慧,你讲得很好,不过更精彩的在后面,你知道吗?"我看着明慧问。

"知道,绍兴十年(公元1140年),性空禅师预知自己时至,于是命弟子造一大盆,中间挖个洞,塞以木栓。"明慧说。

"这是干什么?"元冥不解。

"要水葬自己。"东山博士小声告诉她道。

"禅师写信告诉好友雪窦岁持禅师,说自己将水葬示寂。过了两年,岁持禅师才过来,看到性空禅师好好地活着,在和弟子们谈笑风生地喝茶,于是大笑:'这个老性空,说要去喂鱼鳖,何不索性就去?'"

"对啊,禅师什么意思?"元冥不解地问。

"性空禅师听了笑说:'我等你等得好苦,你来了正好,为我印证。于是集合大众说偈:坐灭立亡,不若水葬。一省柴烧,二省开矿。然后哈哈笑着坐在大盆中,口吹横笛乘浪顺流而下。"明慧说道。

"这、这、这人!太潇洒自在了吧?死时还给自己吹笛子伴奏?"博士听得心旷神怡。

"这位性空禅师是仰慕船子和尚的遗风,他在秀水泽畔青龙岗上结茅为庵,每日吹笛,人称妙普庵主。他仰慕的船子和尚叫德诚禅师,为药山禅师门下大士,悟道后在秀州华亭每日泛一小舟,随缘接应四方来往的学人,当时的人们不知他的来历,称他为船子和尚。"东山补充说。

"船子和尚也好,性空禅师也罢,都是游戏神通的大禅师,一如那了无

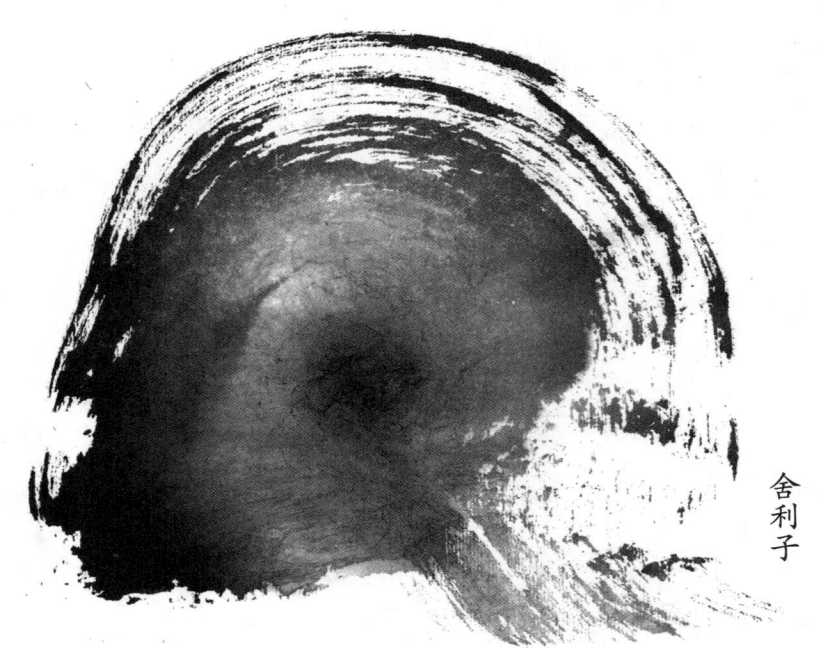

舍利子

迹痕的春波,波后水面回归于寂然超然。"我听着他们讲这些,眼中仿佛看见了性空禅师的一叶扁舟。

我抬起头,闪烁的星空下,那一叶孤舟在银河中随波逐流,月光洒下一片金辉。仿佛看见性空禅师十根手指灵活地跳动着,配合着嘴唇的一张一翕,笛声犹如清甜的甘泉滋润着人们干裂的心田,那悠扬的笛声直穿耳际、沁入心扉、挥之不去……

"我还背过他的《山居诗》:'心法两妄仍隔妄,色尘不二尚余尘。白鸟不来春又过,不知谁是住庵人。'写得真好!"紫玉说。

"这事情还有下文,过了几天,那盆又逆流回来了,众人忙围上去,看到大盆中居然没浸入一滴水。性空还在盆里坐着,他回来看了看大家,再次坐着大盆顺流飘入海中,一边飘一边唱:'船子当年返故乡,没踪迹处妙难量。真风遍寄知音者,铁笛横吹作散场。'众人嚎啕大哭。没想到刚伤感了三天,又发现性空禅师的遗骸被潮水冲回,在沙滩上盘腿而坐,栩栩如生。大家争相前去观望。后为他火化,化时有两只仙鹤跃舞空中,火尽才离去。弟子们收舍利若干,建塔存放。"明慧接着说道。

"唉,我实在无话可说,你们这些真可以写神话小说了。"元冥叹道。

"明慧啊,我知道你希望修神通,据我所知,除了你们刚才讲的这些外,还有些神通你没谈到。《宝藏论》云:神通有五种,一曰妖通:如狐狸精、蛇精,这些精灵的神奇现象,民间传说的白娘子也是妖通之术,凡人之眼无法辨别。二曰报通:有些童年有特异功能者,是业报所致有些神奇功能。三曰依通:如乘符往来、药饵咒水、放光引神等。但此三者假名曰通,实非真神通。第四种神通就是你们刚才讲的那些天眼、天耳、他心、宿命、神足和漏尽通,这六通,也有究竟、不究竟两种。无慈悲智慧者,正气不足,终将退转,并常有颠狂成魔的危险。所以你如果见到有神通的人,不见得一直有神通,也不一定就是修行成就者,妖魔鬼怪附身也有神通呢!"我很认真地对明慧说。

"教授,我记得《法华经》中说:'未得谓得,是大妄语业。'也就是说自己尚未得道的人,为贪供养,便告诉他人说自己已得道,这叫妖言惑众。佛陀多次教育弟子说:不应于世人前现其神力,否则得越法罪,显现神通而让其他修行人内心不清净,是有罪的。"东山博士说。

"对,若某位师父故意显现神通,或听推荐者介绍某个师父神通广大,因此想拜师修行,这些人心里执著的是对神通的贪心,神通能让人解脱吗?能使人平静吗?修神通会悟道无惑吗?某位师父如果热衷于带着弟子们追求各种感应、神通,那就表示此并非明师,要速速离开才是。佛云:'末法时代,外道、邪师说法,如恒河沙数。'庄子在《齐物论》里讲,丽姬是艾地封土之人的女儿,晋侯最初想娶她,她哭着不肯嫁;等她嫁了以后,习惯了山珍海味,竟后悔当初怎么那么傻?居然不喜欢享受富贵?我很想知道等她人老珠黄或者晋侯移情别恋时,她又会后悔什么?梦中喝酒的人,天亮后可能遗憾想多喝点;人做梦的时候,并不知道在梦中,醒来后方知是梦。做梦一样糊涂的人自以为自己觉醒,你是自己的主宰吗?你说不生病就不生病了?谁牵着你的人生呢?遇到可以帮助你成就的老师太难得了,佛说佛法难闻、明师难遇、人生难得、中土难生,你们找到好师父是修来的福报。"我对明慧和紫玉说,两人频频点头。

东山博士说道:"有位宾头卢尊者,他奉佛命常住世间应末世供,给众生种福,他是福田第一的罗汉。"

"你们说了半天,总算有一位我知道的了,这位罗汉挺有意思的。"元冥

吹笛

笑眯眯地说。

"可我现在要说的是尊者受罚的事情,有一次,有一位树提长者,用檀木做了一个钵置于高竿上,大声说道:'无论何人,不用梯杖而能取钵者,此珍贵的钵即属他。'宾头卢尊者现神足通飞起来取了钵。佛陀知道后狠狠地骂了他:'一个比丘怎可以为了一个外道的钵而胡乱显神通于世间?'于是罚他长生不死不许入涅槃,要他常住世间,护持正法,应末世众生,为众生种福田。"

"你看看,你看看!长生不死是惩罚!你以为不死是好事啊?你爱的人死光了,自己活着有什么意思?你真有神通是好事啊?哪天你有神通了肯定憋不住,师父肯定不知道用什么方法罚你呢!"这下紫玉开心了,教育起明慧来。

"师父啊,罚我也长生不死吧!"明慧嬉皮笑脸地喊。

"哈哈,你们这么热闹?谁想长生不死?"他话还没讲完,小珠和浮鱼老禅师、水月禅师就一起睁眼,老禅师微笑着看着明慧。明慧吓得不敢说话了。

"明慧你很想修神通?你是不是拜错师父了?"小珠看着这个糊涂的明慧问道。

"没、没、没!师父!我说着玩的。"明慧急得有些结巴,"师父,您全听见啦?"

"师父,您们怎么回来了?"紫玉忙帮他打岔。

"我们去哪了?没走怎么能叫回来?"小珠说道。

"各位!我刚才随老禅师已探明路途,是时候该启程了!我们此次前往石门山探望马祖禅师。"水月禅师说。

"师父,咱们去见马祖禅师?"明慧忙问。

"师父,我们去了还能回来吗?"紫玉问。

"不知道。"

"请问小珠师父,我们是要一起穿越时光隧道吗?"东山博士将上身直立,特别兴奋地问。

"不知道。"

此时水月禅师低声说:"各位大德请坐稳,恭请宝象师兄启程!"

这几位还在嘻嘻笑着商量着怎么出发,明慧甚至说什么吃的也没有,路上饿了怎么办?早知道该去打包带些吃的。

突然,天空中由上至下出现一阵风,风呈狭长的漏斗状,从几米到几十米慢慢加宽,地上树上的积雪被风卷起,碎片飞扬。旋转的气流越来越快,像一个巨大的楔子插进地里,最上面的漏斗云很宽,像一大块黑色的毯子遮住了天空。

风的面积越来越大,越卷越快,最后形成一个大风眼,中间一片漆黑,紫玉紧紧抓着明慧的手,吓得发抖,这时六牙大象突然四脚腾空往风眼中呼啸而去。紫玉和元冥忍不住大叫起来,随后叫声也没有了,四周一片漆黑,什么声音也没有,寂静得像太空一样,我们钻入了一个巨大的无边的黑洞中……

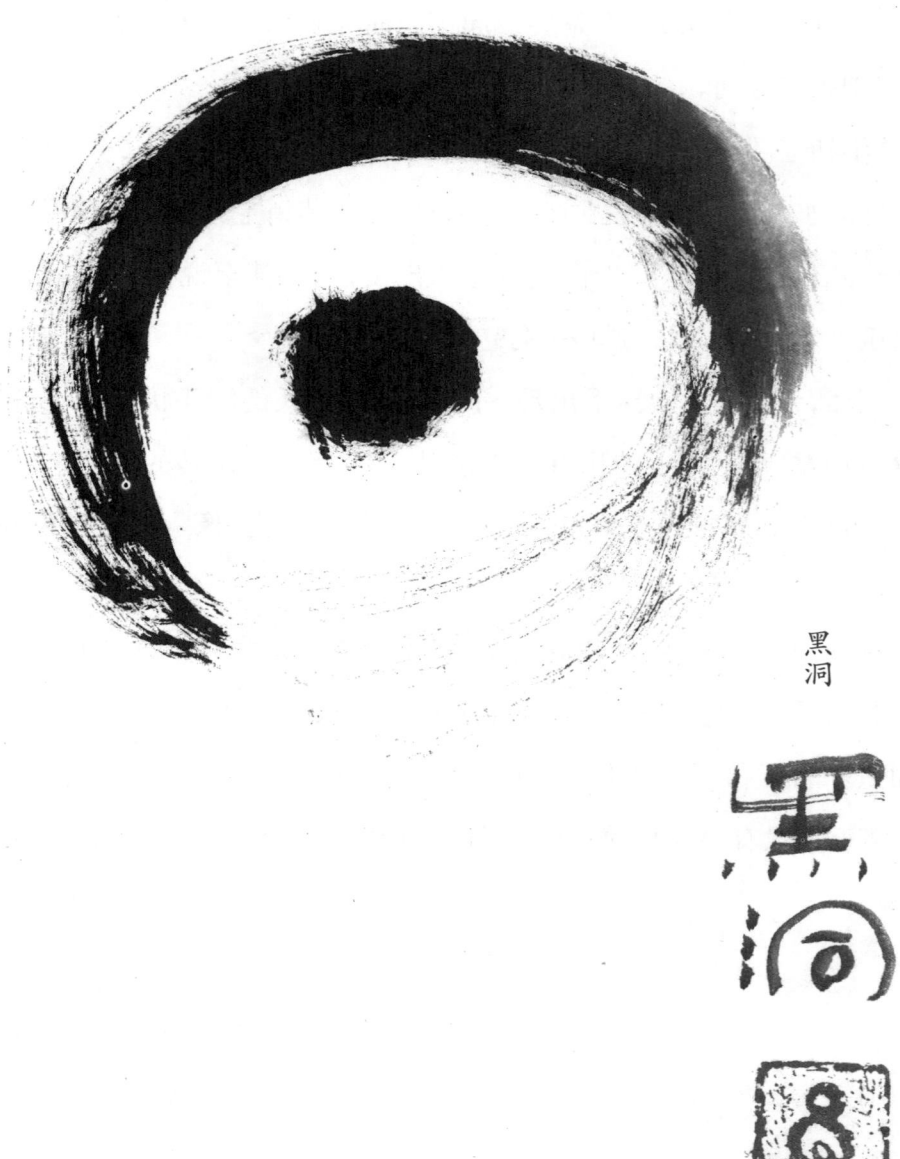

黑洞

空

一

们穿越茂密的树林,来到师父的茅庵。师父不在,大珠师兄让我在庵子里等,他自己出去找一下师父。

来到师父的茅屋,有种久违的属于师父的气息,房间内空荡荡的,我一个人静静地等在那里,心里充满了温暖平和。

屋子里的土墙边有把师父自己制作的竹椅,竹竿、竹片以及刀、斧等也摆在墙角,我以前看过师父做竹椅,他蹲在地上就着一堆柴火,将一段削好的毛竹放在火焰上来回烘烤,当坚硬的毛竹被烘烤得发软时,他熟练地将毛竹拗弯,那时的景象一幕幕出现在眼前。

墙角搁着一把小铲子和镰刀,师父也常自己耕作,还有几个粗瓷的茶杯放在窗下,师父住的地方到处都有他的影子,无论他人在不在,你可以全然感受到他的气息。

茅屋不远处有一汪山泉,我走过去,贴近泉边,影子清晰地印在水面。一阵清风吹来,水波涟涟,我的影子分出了一个个细碎的影子在水波中,我突然感到有种难以言喻的轻松和舒坦,如清泉般缓缓注入心间。

人的心如果像此时风吹过的水面一般顷动时,你无法看清自己,唯有心的宁静和平和,才能于静中瞥见自己清晰的心影。

以前师父常对我说,哪里会是人永久的居所?人生如白驹过隙,过客一般,在此世间暂借一宿而已。想要的越多,只会离安心越远。

空 | 117

师父

在我住的山里,常有几位熟悉的山人每年都会带着野菜来探望我。他们的身体可没有看起来的那么强壮。彼此熟悉后,偶尔忍不住帮他们调理一下身体,于此,我悟到对治病症不能正面强攻。比如肾不好可以从脾胃开始调理,就像徒儿们坐禅要从做到腿脚灵活一样,那么心病呢?哪里是治疗心病的源点?

师父的这个茅屋在石门山宝珠峰后面,周围层峦叠嶂、危崖壁立,通过窗外的大榕树干枯的枝丫望出去,七岭两峰,气势灵奇,此地山峰合抱、九龙聚会,师父真会找地方啊,这里的山水太好了。

说起地方和风水,我记起了常来我那里喝茶的山人讲过一件趣事:他早些年想给父亲找一个好点的坟地。请了一位有名的相士帮他看风水,相士快六十了,帮忙人家看阴宅几十年。山人备了不少野味给他,他告诉相士他也不为儿孙求福禄,只想让父亲在阴间享福,相士听了有些意外。接着跟山里人去为父亲选阴宅。走过山脚下一片菜地,老远看到几个人在偷菜。山里人忙先弯腰躲起来,说:我们等一会儿吧,等他们偷完了我们再过去。相士满腹狐疑,山里人抱歉地说:那块地是我的,那几个偷菜的是山脚下的,这一过去,他们怎么能躲开啊?他们家穷得很,平常接济不上,让他们多偷会儿吧!相士于是说:你家的阴宅不用看了,再好的风水宝地也得有德之家居之,就你这胸怀,埋到哪儿都是风水宝地。

哈哈,师父这里也是啊,管什么两峰环抱,九龙聚会?师父在哪儿,哪儿就是宝地啊!人生只有到终点时,才清楚这一生留下了些什么?智慧如师父,方才八十,便要示灭了。我们现今所拥有的一切,无论是名誉、成就还是痛苦、遗憾,都只是停留在短暂的人世时如影相随的附属品。未来可以一同离开的才是真正属于自己的。因为无法掌控身体和心,世人才沦为载浮载沉的芸芸众生。想一想这人心真是妙不可言,豁达时能与天地齐物,狭隘时容不下一粒微尘,豁达和狭隘不过就在一念。

我原来并不认识越州大珠,他在师父身边时,我已经离开师父好几年了。有一天,有个和尚,大夏天在山里迷了路,到了我的茅庵,我请他喝一杯苦茶清热气,他问我在这里住了多久了?我回答他说:我也不知道时间,只见这山青了又黄,黄了又青。

他又问:下山的路怎么走?我说:且随溪流走。

他是大珠的弟子,回去和师父说起此事后,大珠就怀疑他遇到的是我。我知道这些年师兄弟们一直没有我的消息,都在找我。其实该见面时自然就会见了,我知道他会派那位弟子再回来,我可没那么傻,早就搬去更深的地方了。走时,我写了首偈放在桌上:"摧残枯木倚寒林,几度逢春不变心,樵客遇之犹不顾,郢人那得苦追寻。一池荷叶衣无尽,数树松花食有余。刚被世人知住处,又移茅舍入深居。"

我就这样避开一切缘份在山中自修自悟,山花开了又凋零,转眼十几年了。这次,他们又派了七八位弟子进山寻我,不过这次我没理由不来,因为师父即将灭寂了。

我是法常,他们称呼我大梅法常,和其他138位师兄弟一样,我们都是师父马祖道一座下的弟子。自唐贞元元年(公元785年)起,师父驻石门山弘法。但我是第一次来石门。

这里新建的寺门朝南,让我有些奇怪的是寺门前有一处半月形的放生池。咦,师父这里原来连佛像和大殿都没有,只有法堂、禅堂,现在怎么会有放生池?

什么是放生?可不是把鱼、龟、鸟放了叫放生。禅者领悟法的殊胜,明

心见性,代代相承,灯灯无尽,那是放生。超三界,出轮回,了生死,是真正的大放生。是不是,师父?

再往后,我看见了大雄宝殿,哦,明白了,如今来这里的各色人等实在太多,需要各种方便法来度不同根器的人。

我常常触景而悟,一次次悟,再一次次证,悟不离证。如果悟后的状态叫"生",了悟的状态叫"放生",那不悟的时候是什么?叫"未生"?

当我们谈到开悟,它意味着从某种状态中醒来。从哪里醒来?从沉睡中醒来。什么是沉睡?沉睡就是无明,这时像什么呢?不是生不是死,不是未生不是未死,这半死不活、似醒非醒的就是梦中的人生,就叫梦境吧!

天上的月亮那么亮,但是盲人看不见,能怪月亮吗?

"自我"作为一种生存的状态,难以清醒认识的复杂之处在于,它是一个环环相扣的迷宫。我们身处迷宫,苦苦寻找出口而不得,更可怕的是我们自己每天都在搭建这迷宫。我的迷宫和他的迷宫紧密相连,我们的迷宫和他们的迷宫如影随形,如此复杂的迷宫谁可以看到出口?其实,找出口又有何难?向上一路便可,不越过迷宫的墙,人的眼便是一叶遮目不见泰山,在迷宫中无法逃离。

生命的迷宫中充满了陷阱,令人难过的是每一个陷阱都像是量身定做的一般。好色的撞在色墙上,贪权的死于权杖下,年龄增长后人会焦躁地发现,慢慢地、慢慢地出路已经越来越窄,迷宫越缠越紧,生活早已在原地打结,不断重复地打结,而身体却在快速退化。于是无奈下,只好学会欺骗自己不在意,强令自己不正视、不思考,像鸵鸟一样假装没看见。

但是我们清楚,如果我们没有办法找到迷宫的出口,纠缠在里面只有死路一条。事实上,正是从出生那一刻起,我们一代代,乐此不疲地将自己经历的每一个见、闻、觉、知,拿来当材料,一砖一瓦地给自己、给亲友、给自己的孩子、给孩子的孩子、给社会,搭建起了这座迷宫,并亲手挖出了每一个陷阱。

如果有谁胆敢拆墙,周围就有人集体围而攻之。善良的人会劝告:墙不能拆,少了墙不安全。邪恶的人则会在背后拿砖头偷袭拆墙的人,你好大胆子!谁也不清楚墙后的世界是怎样的,这些喊着要自由的人们却在害怕自由。

拆不掉迷宫的墙,有人便想着将孩子托在肩膀上,让他们看看墙外的世界也好。没想到,这些孩子下来告诉朋友们,墙外的世界很自由、很精彩,咱们拆了墙出去吧?周围人嗤之以鼻,有毛病!外面多不安全,说什么疯话?

究竟谁在梦中?究竟谁在编织梦?

我怎样才能逃得出"我"?

刚才,大珠笑眯眯地在山门接我进门,师父身体欠佳这段时间,他从越州带着几位弟子专门赶回来帮忙。

我看过他写的《顿悟入道要门》,有段话很喜欢。禅门中人爱讲"青青翠竹总是法身,郁郁黄花无非般若"。可这个大珠,他怎么说?"佛真法身,犹若虚空,应物现形,如水中月。黄花若是般若,般若即同无情。翠竹若是法身,法身即同草木。这样人吃斋,不是吃法身吗?如此禅悟,还是迷!迷!迷!迷的人总喜欢从外觅求解脱。若人开悟了,随用而说,不滞是非。若不开悟的人,说翠竹,着翠竹;说黄花,迷黄花;说法身,滞法身。纵横四海处处是法!"此等见地,该尊他"师兄"才是。

我们进门后,见到了其他师兄弟们,彼此欢喜。多年未见,再次见到怀海禅师，他也68岁了。他年幼时即哑，祖母携他入西山寺，便开言，返家又哑，只好送去出家，出家后一直随师父身边修行。

现在寺里由怀海禅师主持，大珠告诉我，师父已命怀海师年后前往洪洲大雄山弘法，那，是否该称呼他大雄怀海禅师？哦，不对，大雄山又名百丈山，该称为百丈怀海禅师才是。

怀海禅师这些年来参照大小乘戒律，初步制立了禅门清规，名为《禅门规式》。在寺院后山，他领着大家适时垦植，农禅并重。我去后山一看，赞叹不已，大片的茶林，绿油油的菜地整齐规范，怪不得师兄弟们现在生活条件有这么大改善，看来山人我实在太松散了，此清规垂训千秋，大赞！

大珠和我性情相投，师父近日去了山顶茅蓬，寺中一切事物皆有怀海师兄打理。大珠告诉我，师父给了我一个任务，让我去一千一百年后，化身一个叫水月的和尚，助小珠师妹济度众生。

这个？师父太了解法常了，怎么知道我早有去千年之后的世界观瞧一番的心思？小珠是师父的宝贝，5岁起父母双亡，就跟着师父，这孩子顽皮得紧，又聪明了得，师父打不得说不得，拜托庞居士带她。谁知庞居士家里有个女儿灵照，天性更加顽皮，听说小珠一高兴收了灵照当弟子，结果又没时间教人家，灵照天天缠着小珠，两个女丈夫古灵精怪，让庞居士头痛不已。

小珠曾自己偷跑去了越州，找大珠师兄，惹得灵照也跑去越州，不知道大珠怎么应付得来？都说这大珠口吐莲花，辩才无碍，看来对付小珠和灵照这两个精灵自有他的办法。对了，小珠什么时候去了千年以后？有点意思！

好吧，山人我十几年不曾回报师门，这求之不得的任务我乐于受命，谁

茅蓬

敢忤逆师命啊？师父发起脾气来那叫地动山摇,怀海师兄有一次被师父吼了一嗓子,三四天聋子一样什么也听不见。

今天,大珠领我去后山面见师父,估计师父有话要交代。我就奇怪了,大珠和小珠那么相应,为什么不让大珠去？大珠说我的化身满百岁便可回来,从这里的时间来算,不过花费他几天时间而已。

我去了那里长什么样子？那边会是什么情况？我去哪里找小珠？找到了她会认识我吗？该如何引导她？我心里七上八下地胡乱琢磨着。

"你担心什么？石头和尚早已化身浮鱼,先你一步过去了。"大珠笑眯眯地说道。啊？石头师叔也去了？这下热闹了！无敌师叔再加宝贝师妹,有趣有趣！

当年咱们惠能祖师将示灭时,石头师叔,对了！他那时的辈分是我师父的师叔,这辈分论起来真挺乱的。

他问当时他师父惠能:"和尚百年之后,不知我该怎么修？"答:"寻思去。"他以为是教他自己去寻思静想,所以惠能祖师灭后,石头禅师就常一个人在僻静处禅定。

这情景和我师父悟道前相似,师父那时也是没事就坐禅,师公怀让和尚就在他禅房门口磨石头,他纳闷老和尚在我这里磨石头干吗？师公说,磨成镜子啊！他更奇怪:石头怎么磨成镜子？师公于是抓着机会说:对啊,石头磨不成镜子,打坐能坐成佛吗？师父由此悟道。

咱们这石头禅师,也跟石头一样坐了许久。终于有人忍不住问他:

"你师父已逝,你老在这坐着干吗？"他道:"师父叫我寻思去。"人家笑:"你师父的意思是叫你去找你师兄青原行思,他住在吉州,谁让你一个人呆坐,你怎么那么笨蛋？"他由此才幡然醒悟,赶紧前往吉州青原山静居寺,拜在师兄青原行思禅师座下为弟子,侍奉达十五年之久。他这时才降了辈份,我们方才改称师叔,否则那得叫师叔公,多拗口?师父讲起这个师叔,总说"石头路滑",说他机锋圆转无碍,实在厉害。大家评论说石头禅师的禅风,和师父正好一动一静,相得益彰。

师父的"洪州禅"大机大用,棒喝、隐语、动作、手势等不拘一格接引学人,不提倡看经、坐禅、念佛、持咒等传统,大家尊师父为马大师。我们这里有句最出名的禅话是"平常心是道"。"平常心是道"的思想,是师父将禅与传统儒、道相结合的经典表述。洪州禅机锋峻烈,杀活痛快,禅风和师父的性格一样自由活泼。三位师兄西堂智藏、百丈怀海、南泉普愿号称"洪州三大士",一个比一个威武,洪洲门下号称八十八位善知识,一百三十九位法嗣,可谓英才济济。

师叔一脉重静,师叔因读僧肇法师的《肇论》深有契会,其中"法身不隔自他,圆镜体现万象"更是和师叔相应,于是作《参同契》。

"参"指诸法各有所长,互不相犯。"同"则是指万法归一。他所倡"回互",指诸法间同中有异、异中有同,修禅者领会此旨,即可灵照不昧,谓之"契"。以微见大,"门门一切境,回互不回互"。

大珠是听师父说"自家宝藏,一切具足,毫不欠少"开悟的,而师父是听师公"磨砖不可成镜,坐禅岂能成佛"悟道的。多人问我:你们洪州宗风自由不讲坐禅,那还用修禅定吗?我的回答很清楚:如果你有我师父或大珠的根器,一语便可开悟,大可不用修禅定。如果自愧不如,那就好好修行去!

还有人问:顿悟法门讲一念成佛,那顿悟之后,还要不要修?我的回答更清楚:当然要修!大珠开悟后,在师父身边六年。师父开悟后,依然在师公身边十年。这十年修的内容，多是口耳相传、心心相印的，并未透露给我们。见性以后，自己明白该如何修，这叫"理可顿悟，事须渐修"，所以不要误解顿悟法门的妙用。这些年禅者至江西必参我师父马祖，入湖南者必访师叔石头，这就叫"走江湖"。

想到咱们了不起的石头师叔和我同往，法常心中真是欢喜欢喜呢！

不一会儿，突然听见师父的声音传来，"此地甚好，可惜我的这把老骨头没几天就要洒到这里来了！"

我忙起身望去，倒吸一口凉气，啊！

我看见师父走在最前面，多年未见，师父一点都没变化。依然矮小精悍，走路如牛一般平稳，师父的脚掌奇大，脚下还有二轮文，走起路来虎虎生风的。他的眼睛最有神，目光炯炯，老虎一样不怒自威，不少人一看到师父那炯炯有神的眼睛就心中一片空白，杂念全无。更神奇的是师父的长舌头，有一次吃饭他的饭粒在鼻子上，居然自己将舌头伸到鼻子上舔了下来。

师父后面是笑吟吟的大珠，大珠身后还有三个人。

咦？那不是小珠吗？她穿的这是什么奇怪衣服？

怎么，师叔也来了？师叔穿的也不对啊！

哎呀不好！最后的那个人怎么那么眼熟？那、那、那，不是"我"吗？

"我"怎么会在那里，跟在师父身后？我惊讶地看见：低头跟在师叔后面的"我"，正笑眯眯地一步步向我走来……

二

"东山博士,我刚才一直在漆黑的漩涡里,怎么现在没那么黑了?"紫玉一直紧张,好久没敢讲话。

于未知且不可触摸的东西,谁都有一种本能的恐惧感。黑暗会让人生出幻觉。可是什么是黑暗呢?在没有光之前,天地是空虚混沌的,渊面是黑暗的。一切都无从分别,凡人不喜欢混沌,要有光!有了光,就有电,就有亮。可有了光就有了分别的、区分的、使用的。黑暗中凡人肉眼看不见的生命,遍满整个世界;肉耳听不见的声音,充斥了整个空间。这种情况会让人恐惧,恐惧来自黑暗的生命体,只有光才会让人感觉到自我的存在和力量,感觉可把握,可辨识,这么多未知的生命在我们周围发生作用,但无论承认与否,它们真实存在。

人的本能原来是最敏感的,心门是开的,因为有了光亮,因为有了语言,随之而来了思想、分辨,也就随之产生了欲望、欺骗,这时候心门又关了,我们误认为古人在黑暗中生活肯定很恐惧,真的如此吗?黑夜的宁静中,仰望柔和的月光、漫天的繁星;日落而息、日出而起;黑夜属于休憩身心的时刻,属于自己,这时候怎么会恐惧?

有了电以后的夜晚,光照亮了城市,到处是灯火通明的不夜城,于是外界越来越亮,内心却越来越混沌。善与恶,真理与谬论,天堂与地狱,永生与灭亡,一切的分别越来越明显,人们认为黑暗中产生邪恶,凡

心门

作恶的人便不喜光,岂不知最可怕的邪恶是发生在阳光下?

"黑暗和光明有分别吗?心在光明的人,身处黑暗一样光芒四射,安心自在;心在黑暗中的人,身处光芒之下依然惶惶不安。就像在地狱中的地藏菩萨,他虽身处地狱,但会不见光明吗?身在黑暗还是光明的关键是心在哪里。

"紫玉,我们可以看得见的东西实在太少了。"东山博士平静地说。

"物理学家发现宇宙似乎充满着看不见的暗物质和暗能量,整个宇宙中,暗能量约占75%,暗物质约占23%,我们可见的常规物质和能量只占2%左右。也就是说宇宙中98%是看不见的能量、物质,你那么在意眼睛的视觉反应做什么?"东山博士轻松地答道。

"啊?"紫玉惊讶地说。

"差不多吧!"明慧的声音传了过来。

"什么是暗物质?物质不是因为有形才叫物质的吗?"紫玉问道。

"谁说物质一定有形?光不是物质吗?无线电你看得见吗?声波有固定的形状吗?"东山问道。

"紫玉,你认为暗的地方,其实不见得暗,只是对于你来讲是暗的。"水月禅师也加入进来,"许多动物的眼睛在黑暗中看得很清楚,暗是相对的。"

很好,你看看紫玉因为恐惧,紧张得几乎什么都看不见。人只有放松下来才能适应黑暗,你可以尝试在黑夜里开车进山,将车灯关掉的刹那你瞬间会感觉一片黑暗,但是当适应后,你会看见头顶上清晰的星空璀璨夺目。

我们的这个旅行团挺奇怪的,我一个人在象背上时,没感觉那么宽敞,结果一个个上来后,也没感觉窄小。现在紫玉和明慧坐在我左右两边,宇文教授左边是东山和元冥两位博士,浮鱼老禅师和水月禅师则在象背后面打坐,只有寂然童子最幸福,一个人在大家脚底下平躺着呼呼大睡,他哪里会计较什么黑暗和光明?他多自在!

我很想告诉那些家中有孩子的大人,拜孩子为师吧!我有时候感觉现在需要先教化的是父母。成长的过程中,人的心变得越来越复杂,接近孩子才是我们接近人生本来面目的途径。孩子是最天真的,心有对父母、对社会、对老师、对亲友最纯洁的信任,可是自以为聪明的父母却不断在干扰孩子的纯真。我们教育孩子的方式很奇怪,自己不信却让孩子相信,自己不学却逼孩子学习,自己天天争斗却让孩子和谐,自己忙得没时间陪孩子,成天拿物质交换时间,却要孩子懂得孝顺和关爱……我们这么矛盾地生活和要求,最后把孩子变成了一个毫无创见的复制品。

我们太急着赶路了,不明白如果方向错误,则行进的速度越快,离目标距离就越远。

人生的目的地到底是什么?学习为什么?工作为什么?家庭为什么?生孩子为什么?甚至行善为什么?选择修行为什么?不明白人为什么活的人,根本就不知道人生还有目的地。被外界推着生活,先是父母亲人,再是老师朋友,然后事业家庭,最后利益权色……自己要什么,没有想过,没有想过目的地的人,心架在半空中,起降都会害怕,更何况视觉上的黑暗?

"紫玉,你知不知道一位叫铃木大拙的日本人?"元冥问道。

"知道,他写了不少关于禅的书。"

"对,他在日本政府支持下在西方推广禅学,以禅为媒介在西方传播日本禅文化。"元冥继续说道。

"这是日本人聪明的地方,他们把禅文化又细分出了茶道、花道、武士道等等各种表现形式,通过商业方式全球推广,不少西方人说到禅就想到'ZEN',以为禅就是日本禅。"东山博士说。

"对,我也是来了中国以后才知道还有中国禅、日本禅,一个爸爸生出了不同的孩子。只可惜相比在世界上鼎鼎大名的'ZEN',有几个人知道'ZEN'的来源?"元冥博士仿佛在叹气。

"不要担心,您们二位不就已经知道了吗?"我笑着对两位博士说。

"我对于禅的初步了解来自于铃木大拙,宇文教授说他的禅体系是来自日本最后一个参学的禅师——白隐禅师。白隐禅师以后,日本禅失去了真正的'禅'的实修实证精神。"元冥继续说道。

"是那个参禅参到恍恍惚惚的时候,听到青蛙叫声悟道的白隐禅师吗?"明慧问道。

"是,白隐禅师少年时有一次一个偶然的机缘,得到一本《禅关策进》,这是明朝藕益大师的著作。"

"是那个'八不道人'吧?"明慧怎么那么爱打断别人说话?

"是他,藕益大师从小非常尊崇儒家学说,排斥佛、道二家的理论,十七岁时,他看到了莲池大师的《自知录序》,读过之后,回家立即把自己写的批判佛教的著作全部烧掉了,表示忏悔。二十岁的时候,他听《楞严经》,当他听到'世界在空,空生大觉'时,心里疑问为什么空就能生出大觉悟、大智慧?这大千世界与茫茫虚空又是从哪里来的呢?因此,他决定出家修行寻找答案,实证人生的奥秘以至整个宇宙的本质。他悟道后说:禅者佛心,教者佛语,律者佛行。不于心外别觅禅教律,又

空 | 133

禅关

岂于禅教律外别觅自心？如此则终日参禅、看教、学律，皆与大事大心正法眼藏相应于一念间，后来渐渐形成'灵峰派'。"

"他是明朝四大高僧之一呢！"这次又轮到紫玉插话了。

"藕益大师的《禅关策进》这本书，是讲修话头禅的方法，如何用话头禅悟道，洞开智慧。关于白隐禅师的道行，有一则他的特殊经历可以很好地体现他的境界和修养。一次，他所在的寺院附近住的一户人家，家里非常漂亮的女儿肚子大起来，女儿还没嫁人，这还了得？老两口很生气，怎么会有这种丢人的事情？严加追问后，女儿说出了'白隐'两个字。这一听如雷劈一样，父母呆了，想了一夜，第二天气势汹汹地上山找白隐禅师，一见面便狠狠地将禅师羞辱一顿，禅师一句话也没解释。"

"奇耻大辱啊！"紫玉说。

"孩子出生后，他们将刚出生的孩子交给了白隐禅师。这件事让禅师名誉扫地，弟子们离开了他，信众们不再信任他，但禅师并没有因此放弃孩子，他非常细心地独自照顾孩子，寺庙里无法养婴儿，于是他带着婴儿沿街乞讨奶水和饭食，到处是白眼和羞辱，禅师没有一句怨言，孩子终于在禅师的悉心照顾下一天天长大了。这位孩子的妈妈，再也忍受不了良心的谴责，她吐露了真情：孩子的生父是村庄里的邻居。父母又一次被雷劈了一样惊恐，立即四处寻找禅师，找到禅师和孩子后跪在地上请求他的原谅，并要带走孩子，为他挽回声誉。白隐禅师还是像当初那样，没有训斥和责怪他们，只是淡淡地说了句：'哦，知道了就好。'仿佛什么也没有发生过，多年的屈辱都如一阵云烟般随风而散。"元冥博士说。

"确实，我们的恐惧都是心魔。"一直没有说话的宇文教授说。

"这位白隐禅师,还有一次历险记。有位信重武士崇敬禅师,专门来向禅师请教:'人间真有地狱和天堂吗?''你是做什么的?'禅师问。

"'我是光荣的武士。'信重武士答。'你是武士?'禅师大声说,'哪个愚蠢的主人会要你做他的保镖?你看你像一个讨饭的乞丐一样恶心的脸!''你!你!你!大胆!'武士热血上涌,他哪里可以忍受这样的讥讽?没想到禅师继续说:'你佩戴的这也叫武士刀啊?太钝了,砍不下我的脑袋!'武士勃然大怒,一下子抽刀,架在禅师的脖子上。禅师安然自若地注视着武士说:'地狱的门开了!'武士一愣,瞬间恢复理智,连忙收刀,向禅师鞠躬道歉。禅师坦然自若地说:'天堂的门开了!'"

"哈哈,这禅师胆子实在太大了!这是玩命啊!日本的武士把名誉看得比性命都重,他可够悬的!"明慧笑道。

"东山博士,什么是暗物质?什么是暗能量?"紫玉脑袋里还在琢磨这些。

"物理学认为在宇宙中无法通过电磁波的观测进行研究,不与电磁力产生作用的物质就是暗物质。人类目前尚不了解、还未认识的物质,聚集于宇宙的某些区域,参与对星系或恒星的引力作用,完全不可观测。'暗能量'则是一种不可见的、能推动宇宙运动的能量,可以说宇宙中所有的恒星和行星的运动皆和暗能量的推动有关,之所以暗能量具有如此大的力量,是因为它在宇宙的结构中占绝对统治地位。"东山博士耐心地回答道。

"我们的宇宙真神奇!"紫玉感叹道。

"紫玉,宇宙的神奇可能远远超出我们的想象,目前对宇宙的真相众说纷纭,但我个人认为现在人类所谓的宇宙真相还没有真正揭开宇宙舞台的序幕，我们人类对于宇宙可以说一无所知。目前有七种代表性观点，大家可以参考：如宇宙只是碰巧成了现在这个样子，叫'荒唐宇宙'论；由于某种深藏的原因使得宇宙成了现在这个样子，叫'唯一宇宙'论；宇宙中存在很多很多的平行世界和平行宇宙，每种生命体存在于适合其生命存在的时空中，叫'平行宇宙'论；由高级别的智能生物体或生物群有意将宇宙设计成能够产生人类以及其他生命的，叫'智能宇宙'论；由于不为人知的原因使宇宙自然而然朝着能够演化生命的方向进化的，叫'进化宇宙'论；还有一种就是宇宙意识决定存在的'自明宇宙'论。最后一种观点是我们人类生活在一个虚拟现实的仿真世界里，好像电脑游戏里的人物一样，被来自不同维度的高智能生物用看不见的手操纵和制定着各种游戏规则。好像电影《饥饿游戏》里那些应供者一样，一切的发生都有人控制着，这叫'真宇宙'论。"东山博士说道。

"天哪！太不可思议了！可是我听不太懂。"紫玉惊讶地说。

"东山博士，什么叫宇宙意识？那我们个人的意识叫什么？叫个人意识，还是生物意识？"元冥博士问得比较专业。

"宇宙意识是认为宇宙中存在的真理及客观规律是有意识的，一切不是偶然，如老子说'天地不仁，以万物为刍狗'，我认为也属于宇宙意识。就像现代全息技术、克隆技术一样，一个微粒中可以包含全部信息，一根头发、一个单细胞可以克隆出一个生命，那么同样，宇宙意识实际上包含在每个生命体中，每个细胞中都含有宇宙意识，我们只是读不出来，我们的心读不到内存的宇宙意识，就像计算机内部许多功能你不会操作一样，心内的各种包括潜意识在内的各种意识没有被唤醒。"东山博士耐心地解答着。

"这个宇宙意识很有意思,人无限的能量来自哪里呢?来自于我们的内心。不管这种内心的能量叫宇宙意识还是第八识、第九识,都是人和天地融为一体的意识,打开了这种意识,你就是天地、宇宙。"宇文教授说道。

"教授说得好,禅者的心如果和天地宇宙无缝对接上,那么你的能量绝对超乎你的想象!"我笑着说。

"师父!这好像是什么产品的广告吧?"紫玉笑着问我。

"是吗?哈哈,我也不清楚,我们每个人的内在能量还没有被唤醒和激发。让你们修就是一种启动内在能量的行为,用现代科技来说,被激发和启动后人的能量如同激光一样,每个人初始都是一束待激发的激光,人人都具有这种力量,这种能量比所谓的潜能、潜意识更具千万倍的创造力。潜能不过是个人先天具备的需要开发的能量,是有限的,这仅仅是个人意识所产生的能量,局限于一般生活、事业、家庭,属于人为开发的世间能量。但如果你可以拥有宇宙意识的能量,那就进入禅的不可思议境界了。"

"说得好!"东山博士赞道。

"三祖在《信心铭》中讲'一念万年',这种不可思、不可议、不可琢磨、不可测量的强大能量,如果你拥有了,和天地宇宙融通上了,便真正可以'天地与我共生'!不要感觉天地宇宙和自己没关系,禅和自己没关系,禅是什么?是生命!不是生命的一部分,是生命!是生命中时时刻刻的状态,而人的一生只是生命中的一部分。拥有了这种禅的生命,佛法说是进入'涅槃',和本性契合不生不灭,你便开始了新生,超越自我和自我超越都统一于此。人不会因为晚上上床睡觉而恐惧,为什么

138 | 空

克隆

呢？因为知道睡觉后第二天会醒来，如果你知道死亡其实和睡觉一样，你还有对死亡的恐惧吗？"

"师父啊，可睡觉是舒服的事情，死的时候难受啊！"紫玉说。

"禅师们死的时候不难受，难受的是凡人，因为不可控制身体，不得好死才难受。禅师们圆寂时和平时打坐、睡觉并无区别，身体、意识都是柔软和放松的，一觉醒来，又是新生。"

"小珠师父，这也是我期望的生命状态。"东山博士认真地说。

"我还是不理解天地怎么会有意识？难道刮台风、地震也是天地宇宙有意识的行为？"紫玉苦恼地问。

"请东山博士来回答吧！"我笑着请东山博士接着说。

"紫玉，天地宇宙的意识不是我们平时所说的意识，人类所说的意识太局限了，定义并不完整。人类以人的观念来看待宇宙万物，所以只是简单地认为意识行为是大脑的产物，真是这样的吗？其实意识不仅仅是人类和动物大脑的特有产物，植物也存在意识，石头也有意识，宇宙中万事万物都存在着意识，不能说意识没有产生看得见的行为，就没有意识，更不能说人类读不到的意识就不存在。人类连最起码的自己大脑中的潜意识都没有研究完整，人的潜意识是人对事物决定、判断、选择的关键点，是本质、是规律，也是习气和习惯的来源，人、动物、一切物质都存在潜意识。除了潜意识，还有更深层的意识。"

"你刚才说的这些意识是不是唯识学说的前六意识？其他还有更深层的第七意识、第八意识？"明慧问道。

"这个要问教授和你师父，我不太懂，可不敢乱讲。"东山博士笑道。

"事物只要是稳定存在就必然存在维持稳定的规律。比方说细胞自动繁殖，自主呼吸这些是什么呢？这些行为是本能的条件反射，但是生成行为的过程是潜意识，是大脑中潜意识指挥生命体内部运行的语言。"元冥博士说道。

想了想，她又补充说："普通人类的行为是潜意识表现出来的方式，人类因为所认识到的东西大大超越一切动物，这些认识事物的规律在脑部记忆自动构成了潜意识，所以潜意识是人类习气和习惯行为的主导，由此形成顽固的自我意识，由此形成自我保护、自我隔离、自我需求等等，这些自我意识都是从潜意识中衍化出来的，意识与潜意识都是有规律的。例如你的潜意识内对未来保持一种美好的持续性期待，潜意识会根据你的期待，为你带来相应的现实，这是我理解的'心想事成'。你的期望积极向上，行为也与期望相符，即积极向善的，那会得到'善果'，'善因善果'和自己的潜意识有直接关系。因果的规律是自己掌握的，潜意识内种下的因，便是人的未来。"

"元冥博士，我这么认为，人类潜意识与意识还都属于世间范畴，无论怎么开发，范围依然有限，就比如目前认为光速是速度的极限，真的没有东西的速度比光速更快吗？如果我们重新认识自己，唤醒自己，开悟的人可以像小珠师父说的那样觉知内在的宇宙意识，相应到天地宇宙的能量，可以创造一切奇迹，看透宇宙及其内部的本质，这就是所谓出世间的范畴。"东山博士讲道。

"哎呀，教授、师父，博士们讲得太深奥了，我给你们讲讲一副麻将包含的宇宙观，如何？"明慧怪声怪气地讲道。

"我从十岁就开始打麻将，嘿嘿，紫玉你别瞪着我，我不过是过年时陪老人们玩玩。你看麻将由六类42种图案组成，有序数，包含万、饼和条三类牌共108张;有东、南、西、北这样的风牌16张;有中、发、白这样的箭牌12张;有春、夏、秋、冬、梅、兰、竹、菊这样的花牌8张。这种组合可不是随意的,这来源于三十六天罡、七十二地煞的思想,你们说这是不是中国古人的宇宙观?"明慧笑眯眯地看着吃惊的东山博士说。

"东、西、南、北、中、发、白是天圆观。中国古代的哲学思想以阴阳、五行为代表,认为世界万物由金、木、水、火、土五个最基本的元素组成,和方位匹配为:东方木、西方金、南方火、北方水、中方土。古人认为宇宙的形态是天圆地方,所以,'白'代表地;'发'代表天,这里的发不是发财,现在人们打麻将时以为这个发是发财,实在太庸俗了,发是发顶的意思,代表天。'中'代表人。发、白、中就是天、地、人三才,所以东、西、南、北、中、发、白构成了一个天圆,这个天圆可不是咱们地球的圆,是宇宙的圆。"宇文教授被明慧逗出了谈兴,笑着道。

"教授说得好,中国古代数字里暗含玄机,麻将中的万、饼、条三种花色,反映了物质的存在形式,数字则代表了物质存在的数量。老子说'道生一、一生二、二生三、三生万物',所以在中国古代哲学中三为基数,九为极数,万、饼、条也就各有九张。除此之外数字中12极其重要,如12生肖、12时辰、12个月,佛法中讲12因缘,可见老子、佛祖大家沟通得都不错……哈哈,麻将也充分体现了这一点,108就是12的倍数啊!你看麻将规则中,规定每人抓13张牌,4个人每人13张牌等于52,暗合了一年有52个周。这是不是中国古人的宇宙时空观?"明慧得意地还想继续说,被我敲了一下头才收住嘴。

"我赞同明慧的看法,我虽然不懂中国禅,但专门研究了'禅数',行禅中的数很重要,如'四禅''禅七''四大'以及'数息'等。禅法与数法,

142 | 空

东南西北

禅法是定学,数法是慧学,是经中的义理。刚才明慧讲了五行,我认为这五行和八卦的卦象,数学中的数字、图形等一样,实际上都是符号,是一些特殊的语言。其实,我们通常所使用的语言本身也是符号。"元冥博士说。

"对,这方面我深有体会,语言符号所表示事物的意义来源于人们之间的需要,而不是存在于这些事物本身之中。我在美国工作时是做策划和广告,就是研究扩大符号的应用,强制性让人们记住这些符号,进入潜意识,这样就可以让人在选择过程中产生购买行为,提高商业价值。播种和植入这些符号最简单的方法就是重复,这也是一种与实体论相对的能动关系论。种种符号之间的关系都象征着互动中的人或事物之间的关系。利用好了这些符号,易上口、易记忆,就可以像催眠一样让人不由自主地选择,这是符号心理学。"东山博士说。

"东山博士,有这么恐怖吗?"明慧问道。

"当然,你如果每天对人宣讲喝小便好,有营养,能美容,再画出小便的喝法,编织成应用符号来代表喝小便的行为。一个月不到可能就有人看到符号想去尝试喝小便了,半年,一年……就会有不少人不但尝试了,还会形成习惯,觉得小便很好喝,喝水反而不习惯了。"

"真可怕。那我们被植入了这么多潜意识怎么办?"

"放心,这些商业植入不在你的深层意识范围里,目前商业已经可以植入记忆和删除部分记忆了,如果他们懂得运用出世间的能量,那就可怕了。这些商业符号就像刷墙一样,一层层刷涂料,人们被刷了红色后就记不住墙体原来的颜色,一层层覆盖。覆盖后人就算再次看到覆盖前的上一层颜色,也不产生情感反应。商业引导的这些浅层记忆很容易遗忘，所以需要不断重复广告和刺激。"东山博士说道。

"那有办法进入深层记忆吗？"明慧好奇地问。

"当然有！我们不要跑题，现在还是请元冥博士继续讲吧！"东山博士抱歉地看着元冥点头一笑。

"我是学医的，从医学角度来看生命和自然有许多神奇的现象，例如人及动物体温和数字有很大关系，体温有神奇的黄金分割比。例如人体中水占了70%，我们看水的液态变化温度为0℃~100℃，而人的生命温度就是水液态温度的黄金比：100℃-61.8℃=38.2℃，人体内肝脏、大脑温度正常可达38℃，大脑温度越高，人思维越不清晰，而体表的正常温度在37℃以下。我们生存环境中最舒适的温度是38.2℃的又一次黄金分割，在25℃，这也是微生物繁殖和鱼类产卵的最佳温度。"

"这真的是凑巧吗？"紫玉问。

"我们再看看经络窍穴的黄金分割比：人的口与后阴、鼻与前阴之间的连线前后长度的黄金比，是人体有形的黄金比。而后天无形之穴也存在黄金比，人中穴位位于人中沟的黄金比上，神阙穴位于成人身高的黄金比上。人体面廓和耳廓的宽与长之比、眼鼻口在面部的分布比、肾脏位于神阙穴的相同水平位置、心脏在胸廓中的位置等，均属黄金比。血压的舒张压与收缩压之比亦是黄金比；我后来又发现人体内的气血环境也存在着黄金比：血液中氧分压与二氧化碳分压相互作用的生理标准。如果血气比例改变可能导致呼吸衰竭。"

"元冥博士去年开始一直在研究东西方文化、哲学、医学的异同，我非常支持她的精神。其实不仅这些，道家的上、中、下丹田分布也在人体的黄金比最佳位置。华夏文明最古老的伏羲八卦，是用标准形数理来解析非标准形数理。后来的周公八卦则是在用非标准形数理来归纳成标准形数理。"

"教授,您说的这些紫玉听不懂。"紫玉嘿嘿笑着说。

"各位大德说的都让水月惊叹不已,那么我也说说佛陀至极广大的宇宙观。佛经中和天地宇宙的构成有关的经典有很多,例如《起世经》《大楼炭经》《长阿含经》《起世因本经》《大宝积经》《华严经》等等,佛法中时间的迁流为'世',过去、现在、未来为'三世'。东西南北上下十方空间为'界'。佛经言天地日月围绕着须弥山运转,以须弥山为中心有四大部洲,合起来为'一小世界',我们地球处于四大洲的南赡部洲。四大洲绕日而行,上面有生命居住。地球所处的南赡部洲,又名'阎浮提',形状如庵摩罗果,略为扁圆。"水月禅师缓慢地说道。

"科学直到最近两百年,才证明地球是个扁圆球体,真不可思议,佛祖怎么知道的?"东山博士摇头道。

"《大楼炭经》中还指出,地球上有四大海洋,分隔陆地。地球上的大陆都是北广南狭,故阎浮提人的脸形也与之相仿,是瓜子脸,下巴尖。我们生活的空间是欲界,此界是脱不开色欲、情欲、食欲、权欲的有情众生所居住的世界,故称'欲界'。须弥山山势笔直,没有曲折,山中香木繁茂,山面四埵突出,有很多山峰,山峰上有三十三天宫。"

"真可谓天外有天、人外有人啊!"紫玉叹道。

"除了我们地球以外的其余三个有生命的部洲分别是东胜神洲、西牛贺洲、北俱芦洲。东、西两洲人的寿命约为我们地球人寿命的两倍半;北洲人是我们地球人寿命的十倍。东、西两洲陆地形状是半月形,北洲陆地形状是圆形。四大部洲合起来是一个小千世界。每一大千世界，称为一佛土，有佛住世，教化众生。有的大千世界有千亿小千世界，有的有万亿，大小不一。共有多少大千世界呢？三千大千世界，你说宇宙有多大？"

"现代天文学也是近百年才证实了宇宙的广大。但虽探测到了外太空，不过尚未寻找到其余有'人类'居住的星体，目前美国火星探测器已经发现火星上有水，足见是有可能有生命存在过或还存在的，但是生命未必就是和'人'一类啊！佛法太了不起了！"东山博士说道。

"这么大的宇宙空间，如果只有我们地球人，实在太浪费了！"紫玉说。

"修至初禅，即可在定境中看到须弥山和四大部洲，佛之弟子如目犍连等，一昼夜即可飞行遍一个小千世界，这速度比光速要快吧？可见圣境非凡夫所能想象。《华严经》上说，有正世界、侧世界、覆世界、仰世界，差别万端；也就是刚才东山博士介绍的各种宇宙观，其中各个世界上的人，身体、相貌千差万别，有的头大身小，有的多手多足，并且寿命不同，每一世界悬浮于空中，下有风轮执持。所谓风轮，即是科学上说的强大引力。"水月禅师继续说。

"师叔，我们到哪里了？寂然饿了。"寂然童子突然起身，看着四周黑漆漆一片，奇怪地问。

"寂然乖，继续睡。咱们一会儿就到了。"紫玉忙哄他。

"自古以来，人类就不断地探讨天地之间的奥秘。远古时代，人们不知道日月星辰、地水火风等各种变化究竟是从何而来，以为冥冥之中必有神力主宰，由此发展出真神信仰，多神教更赋予自然界神格，如日神、月神、水神、风神等。佛陀却认为宇宙不是神主宰的，是在因缘和合下产生的。因缘际会时，一切现象的生起，是那么真实确切；因缘变化

宇宙

时，昔日情景随之灰飞烟灭。天地万物无时无刻不在变化，没有恒常不变的存在，所以佛法中三法印是'诸行无常、诸法无我、寂静涅槃'，其中又以'诸法无我'为核心，说'无我''空''真如''妙有'，不论空和有，不外希望世人能从缘起中得真理，我们此一心中能生万法。"水月禅师接着说。

"我一直有个肤浅的问题，可以请东山博士回答吗？"明慧突然傻傻地问道。

"当然，请讲。"东山博士耐心地说。

"刚才水月禅师讲了这么了不起的佛法中的宇宙观和世界观，现代社会的宇宙观中，黑格尔的第一宇宙观中宇宙是精神的，马克思第二宇宙观宇宙是物质的。现代社会物理学又发现物质是空的，能量和物质在一定条件下可以相互转化，这不就是佛法中色即是空、空即是色，色不异空、空不异色的道理了吗？"明慧问道。

"是的。"

"我一直在思考，为什么那么精妙的佛法能够真正理解的人是那么少之又少？我身边有不少人信佛，但超过90%的人认为是去寺庙烧香，念佛做法事就是佛法。"

"嗯，确实如此。我来中国后认识的不少佛教徒，修了五六年也基本不解佛意。"东山回答道。

"师父说，《顿悟入道要门》中大珠禅师将这种无心念佛、念咒的情况叫鹦鹉学舌，紫玉，师父是怎么说来着？"明慧歪过头去问紫玉。

"嗯，这个，我背不出来。"紫玉尴尬地说，我看她是因为我在这里，心里紧张，怕说错话。

"有僧问禅师:'何故不许诵经,唤作客语?'禅师曰:'如鹦鹉学舌学人言,不得人意;经传佛意,不得佛意而但诵是学语人,所以不许。'"水月禅师实在看不下去了。

"对啊,什么也不理解,带着糊涂心去做法事、放生、禅修,如果能悟道那才叫奇怪。所以我一直不理解,你看基督教的经书只有《圣经》,伊斯兰教只有《古兰经》,人家一部经书就够了,为什么佛法需要多部经书?不要说看了,连名字都记不住,太复杂了,谁看得懂?"明慧壮着胆子问。

东山博士说之前,看了我一眼,还没开口,宇文教授就点头说:"这个问题不是你第一人在问了,东山刚来中国时和你的问题一样,我替他回答吧!我认为学习佛法不需要看完那么多佛经,除非你做研究,普通人找到和自己相应的一两本经书就可以了,如果什么都看,等于什么都不看。而且由于佛法不是有神论和无神论这样绝对,我们绝对不能,也不应该把佛陀同哲学家、科学家混为一谈。佛陀是无与伦比的精神导师,他给人类指明了一条离苦得乐的光明大道。你看佛陀拒绝讨论诸如宇宙是有限还是无限这类问题,指出这些问题的讨论对于人类的解脱苦难,争取自由与寂静、悟证涅槃毫不相干。我也是近些年才理解如果把佛法同现代科学及人文、哲学放在一起,那就大大降低了佛法,好像变得和希腊哲学派别一样的一个思想体系,从而把无上的智慧变成学术界的理论体系之一。科学和哲学可供学习及智力探讨,但没有佛法的实修、实践,就很难作为生活之道而追随,中国禅'平常心是道'的思想,最重要、最基本、最本质的是可供在日常生活中实践,融于生活和生命。"

"教授说得好,我刚来时也喜好对比佛经和圣经中的说法,认为有

减肥

比较才能有鉴别,我曾经用宇宙观来看二者的区别:例如《圣经》说,地球是圆球形,悬浮在太空,而且会旋转;地球在宇宙中小如微尘。《华严经》说,人类居住的大地,是浮在水上的,水又住在风轮上的,风轮下面是空的,有时突然刮起大风,风轮就乱转,水就乱动荡,就引起地震。也就是说,整个地球大致是四层结构依次叠起的……现在我认为没有可比性。"

"佛陀是造命论,人的命运在自己手里。"紫玉转头看着我说。

他们还在热烈讨论,突然一阵低低的箫音传来,啊!浮鱼老禅师居然带着箫!

很难描述箫音的清幽,借用东坡先生《前赤壁赋》的词句吧:"其声呜呜然,如怨如慕,如泣如诉,余音袅袅,不绝如缕。舞幽壑之潜蛟,泣孤舟之嫠妇。"禅箫清吹最关情,在乐器里箫好似绝世而独立的佳人一般,有种超凡脱俗的美。

"竹管无心吟淡趣,人间有味是清欢",如果说别的乐器发出的是声,从箫中品出的却是韵!非将酒色财气置身度外之人,品不出箫的淡泊宁静,这是箫与品箫之人的气度和品格。

如果说其他人的箫吹出的叫音韵,浮鱼老禅师的箫中品出的应该是清虚。清者清净无为,虚者天地缥缈,如此时此刻一样不知身处何地,哪有地老天荒?

禅师的箫音一起,就没有人再说话了,此时,任何的语言都是噪音,唯有一颗透明的心才能和这无为的天籁契合。这清虚的箫音根本就不是什么音乐,它就是天地宇宙。有时它如蝴蝶飞舞轻盈的翅膀,在林中飘忽荡漾;有时它似秋天的落叶,在秋风秋雨中随风而逝。它带着淡淡的花草和木叶的香气,这香气掠过万籁俱寂的竹林,轻轻地,轻轻地拂过,这时,空寂的天地间连蝉噪鸟啼都仿佛蓦然消失了,这微微流动的、带着花草木叶香气的凉风也跟着一起凝固了一般,我们的心随着翅膀、落叶、香气、凉风、箫音……一起停歇下来。

不知道过了多久,断断续续的箫音时有时无地在耳边低回盘旋,那些流逝的时光,那些欢乐天真的梦想,起起落落,最后化作虚空……

三

能大多数人都认为时光不可倒流。

时间仿佛只有一个朝向,逝者如斯,人老了不再年轻,逝去的岁月无法重现,过去与未来泾渭分明。

不过,在我眼中,时间却是可逆转的,这是我五年前从医院走出来后的感悟,感恩小珠带给我的信心和帮助。

比如说两个一模一样的球从屋子的两边同时向中间慢慢地碰撞,如果时间上是对称的,用摄像机拍下这个过程然后播放,你能看出放映机是正向还是逆向播放吗?时间的方向仅仅只有一条线路吗?

什么是时间?没有天地前有时间吗?没有人类前有时间吗?对于在跑马拉松的人和正在同爱人共度春宵的人,他们感觉的时间一致吗?

人类以描述物质运动过程或事件发生过程的一个参数来确定时间,人为地让这个参数不跟着受外界影响的物质周期变化而变化,所以时间是人定的某种规律。例如月球绕地球,地球绕太阳,还有原子震荡等等。

如果将时间用数学或物理坐标轴表示,"时间"会出现什么状况?我们怎样利用时间的本质来思考人"衰老"的问题？为什么有些事件可以同时发生，有些却不能？时间的设定与我们的生命有什么内在联系？

几千年前，东西方人们就对时间进行了各种设定和思考。1905年爱因斯坦首次提出时空的概念，时间和空间两者彼此相关。随着速度的变化，时间和空间在不同的参考系里会发生以前没想到的变化，这种理论实际上颠覆了世人那种时间永远不变、空间永远不变的看法。

年轻的我也曾和爱因斯坦一样喜欢在树林中看光影，不同的是他悟出了相对论，他说如果人能够以接近光速旅行，那么时间就会停滞。而我则消耗生命生了大病，我是在和死神搏斗中悟到生命的本质。

记得有一次我告诉学生们，同样一群人在苹果树下被苹果砸了脑袋，有人高兴，可以吃到苹果了，那是凡人；有人会发现原来这里是苹果树，种植苹果会产生多少收益？苹果的副产品有哪些？这是商人；有人会计算贷款给苹果工厂，收益如何？那是银行家；有人会琢磨入股苹果工厂，发展农业上市，那是金融家；有人会怀疑为什么苹果往下掉？那是科学家；还有人会思考，这苹果是真的吗？被苹果砸的我是真的吗？这些是哲学家……我现在呢？我会想能被苹果砸真好，说明我还活着。

佛法中对于时间有清晰的论述，无著尊者在《大乘阿毗达磨集论》阐述：时间仅仅是个符号、标记而已，是为了因与果无间无断、念念生灭的假名而设；空间是这一切持续无间的因果和瞬息万变活动发生的所在地。没有讲堂你如何上课？没有床你怎么睡觉？时间与空间是分不开的，他们不可分割、相互作用。

在《时间简史》中，霍金教授提到过宇宙真相，时间旅行者可能回到自己的过去，但回去后时间线便出现了分叉，分叉出来的时间线展开的是另

154 | 空

簫音

一段历史,你可以像看电影一样看自己的过去,但不能亲自参与,或者改变过去,可能就像我们现在的情形一样。如今连"瞬间移动"这样的概念也被科学家接受,不再讲超时空转换是科幻小说了,不再被人当作是梦话了。

时间是由运动产生的,会随着物质运动状态的变化而变化,而不是物质随着时间的流逝而运动。

不同的个体拥有不同的个体时间,不同的运动方式必然会造成不同个体时间的不同变化。

双胞胎是两个独自的个体,拥有独自的时间,即使让他们同吃、同睡、同劳动,他们还是会很快表现出差异来,他们衰老的程度相同吗?智力相同吗?会在同一时刻死去吗?如果不是,那么同一种基因下,他们之间必然存在谁的时间被怎么延长了的问题。两个同样的时钟放在一起,过上一段时间它们的快慢也会有所不同,时间到底在什么情况下会延长,什么情况下缩短呢?

人的思想有许多局限,我常听人讲有限、无限,总是误认为有限就是有边,无限就是无边。有限和有边这两个概念需要区分一下,比如说一个长方形的桌面有确定的大小面积,因此这是有边的。如果有一只蚂蚁在它上面爬,会很快到边缘,这就是有限有边的二维空间。

如果桌面向四面八方无限伸展,成为无限扩大的平面,那么,这便是无限无边的二维空间。

我们再看一个球体,就说足球吧,大小是有限的。但是,蚂蚁在上面爬永远也不会爬到尽头。所以,对蚂蚁来说,足球是一个有限无边的三维空间,各点的弯曲程度应该相同,三维空间应是弯的而不应是平面的,我们现在的宇宙很可能就是三维超级足球的球面,我们就像蚂蚁一样,是生活在这个超级球面中的具有长、宽、高的三维生物，无论朝哪个方向向前均碰不到边，假如它一直朝北走，最终会从南边回来，这叫"南辕北辙"。

时光倒流基于四维时空的道理，当我们从一个地方运动到另一地方时，我们在三维空间中的坐标也在改变，只不过我们不曾察觉的是，我们运动的同时，也在时间这个维度上悄悄前进，时间与空间结合在一起形成四维时空。人局限在三维中无法感知四维的变化，更不要说五维、六维等时空变化的神奇。我们好比在一张四维的有机桌布上，当把人、地球放在这张布上时，就会形成褶皱。这褶皱便是时空弯曲，弯曲以容纳该质量，我们看到的天空，可能就是这皱褶中显现出来的宇宙一角。

物理学上证实了时空扭曲产生黑洞，黑洞和白洞之间可以通过虫洞连接，如果我们没有觉醒，即使有时空机器帮助我们穿越了一个个宇宙，无论是平行的还是层叠的宇宙，也仅仅是往来于一个连通的"宇宙监狱"中，即使可以时光穿越又能证明什么呢？又能改变什么呢？

今天我们的旅行开始时也进入了一个黑暗的漩涡，这应该是黑洞吧？黑洞没有那么恐怖啊，进入以后感觉没那么黑，开始有些眩晕，不一会儿一切就正常了，大家兴致勃勃地讨论起来。

我今天才明白，哪里是太空中才有黑洞？黑洞无处不在，我们的身体经络堵塞是不是身体的气黑洞？人的心越来越冷漠，是不是心黑洞？人和人之间关系越来越扭曲这是不是社会黑洞？这些大大小小的黑洞互相交叠，又再次扭曲创造出了什么？怪不得人心不安、恐慌，因为黑洞无处不在，往下沉沦的吸力太强了，人如何在各种黑洞中自拔？

我还发现黑洞不但是无处不在，还无时不在！它是可以瞬间开启和瞬间关闭的，要不是今天登上象背，我一直会天真地以为黑洞离我很遥远，是太空上的事情。原来,正负能量作用下,时空扭曲产生黑洞,也就是说黑洞、虫洞这些完全可以人为地制造出来。

老禅师的箫声竟如催眠一般,除了两位禅师、我和小珠之外,他们五人怎么都那么甜甜地睡着了?

他们真应该睁开眼睛看看,我们现在已经脱离了黑暗,穿梭在一条极其光明的通道中。这里的颜色丰富得根本无法形容,有金黄、有炫紫、有晕红、有乳白,最美丽的调色板也调不出这样炫目的颜色。

天空原来是什么颜色?我们抬头看到蔚蓝的天空就以为天空真是蓝色的。我们的眼睛总是在骗我们,我们先看见闪电,后听见雷声,难道可以因此判断雷、电不是同时发生的吗?光谱中波长较短的紫、蓝、青等光色最容易散射,而波长较长的红、橙、黄等颜色的光透射能力很强。因此,晴朗的天空总是波长短的蔚蓝色,地平线上空的光线只剩下波长较长的黄、橙、红光。这就是我们眼睛的幻觉,我们幻觉中的光线经空气分子和水汽等杂质的散射,就带上了各种绚丽的色彩,我们看见的其实都是自己想看见的,正如心中有鬼的人必定见鬼,真正有心的心才会明心。

这里是一个极其窄小的隧道,我看得到我们在移动,感觉上却是在静止,就像我们生活在地球这个高速自转的球体上,以为自己在静止,哪有什么静止?

我一直在想,人类现今最大的问题出在哪里?是丧失了信!一切团体的灭亡全都是从丧失信心开始,小如家庭,夫妻之间、父子之间;大如国家,人与人之间、人与国之间;再大如世界,国家与国家之间、人与自然之间……古代皇帝为什么杀那么多人?因为不信;现在人们为什么日夜不安?因为不信!

佛法中讲"信"有六:信事、信理、信自、信他、信因、信果。具足"六信",方名"具信"。《华严经》讲"信为道源功德母"。这个信不是一般宗教的信,宗教的信偏重人的情感,佛法的信要求的是不偏不倚的这个"具信",是智信而非迷信。佛法的大海中信为能入,智为能度。佛法中所有利益成就的开始都是由信开始的,因为相信才会去做,做了才会得到收获,信既为开始也为基础。

《出曜经》中有个关于"信"的故事:过去有一户长者,突发异想:寺院中有许多年轻的出家人,不知道他们对男女情爱还会不会动心?于是想设计来测试测试。请他们来家应供,并让家中的女仆们悉心打扮,自己从旁观察,如果还有欲爱之心,以后就不信佛了。当天,有修得神通的阿罗汉洞悉此事,在僧人前往长者家的途中,阿罗汉化现出许多死人的骸骨,散布在道路的四周,提醒僧人。僧人们来至长者家中应供时威仪庠序、正念受食。长者心中既赞叹又惭愧。

佛法就像海洋一般无边无际,如果用凡夫的小聪明来测度,就好比用秤量升斗的小容器来丈量海水般不自量力!如长者一样不时产生种种的怀疑,有了疑心,便会起妄心,如果用这样的心来生活,念念都是妄想。一方面怀疑一方面想索取,你说能取到什么?

我和小珠多次讨论过关于信的问题,这个世界上有没有菩萨,我们都没有亲眼看过,但身边舍己为人的善知识们难道不是菩萨吗?身边发生的一切因缘,难道不是来度你的菩萨化身吗?难道只有佛堂里供的才是菩萨吗?

人之一生在不断闻道、入道、体道、悟道,在契合道的过程中是充实而幸福的。不断怀疑的人自己是最痛苦的,唯有信能让人幸福。你看看现代家家户户的门窗,装着那么多铁护栏;你看看花园小区,公司内外四处都是监控系统。现代人,为什么那么惊恐?如果住进监狱才会安心,那么何必需要自由?

空 | 159

明心

原来人最放松、最舒适的时候就是在家了,什么时候开始家庭中只有自己独自的地方才真正属于自己?我们带着伪装生活,连家庭中也充满了紧张,睡在一张床上都互相猜疑,我们累不累?最笨的人,总是花时间努力完成根本没意义的事,世上万物皆无所属,除了内心的宁静、幸福、智慧、健康,其他都在不停变幻中,我们在苦苦执著什么?成立家庭是为什么?

"寒夜客来茶当酒,竹炉汤沸火初红。寻常一样窗前月,才有梅花便不同。"心不同,境界自会不同。

想起僧璨禅师,他四十多岁时以白衣身份,身患麻风病,巧遇二祖慧可,并得到点拨、印可和传法,成为禅门的三祖。当时身染重病使他感觉到自己罪障深重,于是他问二祖:"弟子身缠风恙,请和尚忏罪。"二祖回答道:"把罪拿来,我给你忏。"僧璨沉吟了很久,回答道:"找不到。"二祖道:"我已经把你的罪障忏悔净尽了。"僧璨又问:"请和尚开示什么是佛和法的含义?"二祖道:"心即佛,心即法,佛与法一体不二,心外无法,心外无佛,佛、法、僧三宝,皆依一心而立,同体而异名。"

僧璨听了,心意豁然,欣喜道:"今天我才明白罪性并不实有,它既不在心内,又不在心外,又不在心的中间,它是心的幻觉,其性本空,所以觅之不可得。就像我们的心性中能生万法一样,佛法当从心内求,并非在心外另有一个佛与法。"二祖听了当即为他剃发,收他为弟子,说道:"是吾宝也,宜名僧璨。"

其实我每次想到僧璨禅师就心生欢喜,我在医院生病时,将他写的《信心铭》反复背诵,我渡过难关的无穷信心就是这么来的,出院那天正好赶上僧璨禅师悟道的农历三月十八日,我和禅师真是有缘。

僧璨禅师得法后赶上时局动荡,他韬光养晦往来于司空山和皖公山隐修长达十余年。这期间,只有道信一个弟子,道信跟随师父十二年。隋大业二年(公元606年),临危受命,对禅一脉起到承上启下作用的僧璨禅师手攀着树,站着圆寂,以示生死往来自由。

这《信心铭》是三祖一生修行的心得,禅师的老婆心啊,我最欣赏的便是开头"至道无难,惟嫌拣择"这两句了。我们今生所走的弯路,毁就毁在拣择里了。因为聪明地拣择,天下从此生是生非,而凡人就是爱这是非,没有是非反而感觉无聊。

在春天的早晨,花园里有几株小野花盛开,恬静而怡然的环境,春风习习,这时候如果躺在这么美好的花园里幻想着蓬莱仙境有多美,你就看不见这小野花的美,闻不到这小草的香,你的人生还不如这几株短暂开放的小野花,因为没有拣择,花草们固定在这里,此地即是它们的蓬莱仙境,它不会去羡慕大树的雄壮。

春天的早晨在花草眼里最美,温煦的阳光像是在移动,又像是不曾移动,对于小花、小草这当下都是永远了,花草万物都有生命,其枝叶向着阳光而成,凡是自然形成的东西没有不美的,是非分别、差等各异是人自己想象出来的,拣择贵贱、好坏这些只是因为习惯,商业一直在利用这种差别和习惯来诱导你,让你产生欲望,产生需求,产生潜意识,产生攀比,你需求越来越多时,压力便越来越大,压力越大越想拣择,这叫恶性循环。

三祖他老人家说不要拣择,而后来雪窦禅师却道:时机一到,人就会自然立地明白,那时候要拣择,为什么呢? 因为这个"机"!

这拣择还是不拣择,不在法,在"机",一个伟大的禅师毋宁是让人起大疑,由疑入参,大疑大悟、大疑大参,万物生于自然因缘和合,非一非二、不一不二、亦一亦二。"因"有拣择吗?"缘"有拣择吗? 所以说之不尽,我这些个在明白里或不在明白里的疯话,你听明白了吗?

明白

一

一直跟着"我"：那个叫水月的化身，来到这个象背九人旅行团。冥冥中似乎有种力量牵着我，跟随着"我"从师父的茅屋来至这里，观照着，参与着。

但是我看不懂，听不懂。

首先我看不懂他们穿的衣服，为什么衣服和袖子都那么短、那么紧？他们都需要做很多杂活吗？这穿得都是些什么啊？女子居然和男人衣着类似：颜色、款式与男人无异，穿得如此不伦不类，她们还是女子吗？我们男人常穿的衣服叫长衫，袖口宽大，如海鸟的翅膀，其实这衣服不分出家与在家皆可穿。女子的服装叫衣裳，衣是衣，裳是裳，衣是上身穿的，裳是下身之裙，衣与裳分开两截。女子的裙有长方形的方片直裙，也有高腰束胸、宽摆拖地的样式，女子的优美素雅一览无余。柔和自然，这样多美！

我喜欢宽衣大袖，平日里着大袖行禅时啪啪拍打两肋，行步如飞，飘逸如风，好不痛快。这里面唯有浮鱼老禅师头巾披肩，宽袍大袖，拱手跣足立于象背之上，轻品禅箫，何其安详。

还有他们都讲些什么？为什么说话这么又急又快？怎么小珠和"我"语速也这么快？我既然听不懂他们讲什么，还是别乱评论了，先看看吧！

这个叫紫玉的女孩子怎么回事？为什么每次她崇拜地看着那个叫东山的人时，我就能感到"我"的轻微烦躁。

还有那个叫明慧的，也是小珠的弟子，他为什么老讨好紫玉？他们这

水月

四个人究竟什么关系？且再多耐心观察一下再说吧！

"明慧师兄刚才讲了南朝，尤其是大名鼎鼎的梁武帝、志公和尚、傅大士、达摩祖师，这些历史大家都挺熟悉的。我补充一下大家很少提及的北朝吧，北魏共历十七帝，一百七十一年，是鲜卑族拓跋部建立起来的政权。"嗯，看来这个东山对历史很了解。

"北魏除太武帝拓跋焘两度灭佛外，其余多奉佛。道武帝是北魏的开国皇帝，他本人好黄、老。太武帝毁佛的残局是由文成帝来收拾的，他下令修建云冈石窟，而且凡是想出家的人，不论其年龄大小，一律听任出家，用佛法来化恶就善。后来著名的孝文帝比较推崇鸠摩罗什法师，称其'神出五才，志入四行'，在法师生前的住处建造了三级佛塔。到了北齐，佛法的鼎盛期是文宣帝高洋时代，高洋本人喜好坐禅，坐禅时整日不出。他行素食，禁止捕杀鱼虾虫鸟。但不幸的是到了武成帝时代，北齐佛界风气转向颓废了，这和皇后胡氏有很大的关系。"

唉，这个好色的胡皇后，真是前无古人，后无来者。以皇后之尊位不行母仪天下之事，听听东山怎么讲？

"胡皇后是北齐武成帝高湛的皇后吧？可算天下少有的荡妇了。"明慧笑着说。

"是啊，这个高湛也是好色之徒，逼奸嫂嫂，胡皇后也不甘寂寞，同多人勾搭。可奇怪的是，这个武成帝居然也不介意，和皇后各玩各的，这个才比较少见。"东山摇头笑道。

"胡皇后的相好为了讨好太子高纬，劝高湛作太上皇。高湛为了更好地享受，竟然真的让位了，从此深居宫中，一味淫乐，三年后因酒色过度而亡。"明慧也笑。

寂寞

"这叫报应。"元冥博士大声说。

"儿子高纬登基后,胡皇后变成了胡太后,她借拜佛为名,经常去寺院,勾搭了一个叫昙献的和尚,两人常在禅房私会。胡太后把国库里的金银珠宝搬入寺院,又将高湛的龙床也搬入禅房享乐。宫中无人不知,只有儿子高纬蒙在鼓里。一次,高纬入宫向母亲请安,见母亲身边站着两名新来的女尼,生得眉清目秀,当夜,命人宣召这两名女尼,逼其侍寝,两名女尼抵死不从。高纬大怒,命人强行脱下两人的衣服,大吃一惊原来是男扮女装的少年僧侣!这两人是昙献手下的小和尚,被胡太后看中带回宫中。高纬又惊又怒,第二天下令将昙献和两名小僧斩首,将太后幽闭起来。不久,北齐亡国,胡太后与高纬的皇后沦落娼门,历史上太后和皇后公开当妓女的只此一家,别无分店。"

"如此能不亡国?"紫玉气呼呼地说。

"那些和尚也影响太坏。"元冥博士也生气。

"这叫色性啊,我认为胡皇后的贪色间接导致了北齐的灭国,上梁不正下梁歪,人不控制自己的欲望真可怕。最可惜的要算高阳公主和辩机和尚的爱情了,东山博士一并讲讲吧?"明慧笑咪咪地说。

我发现了,只要东山一说话,紫玉这丫头就用无比崇拜的眼神看着他。而"我"的样子不是很舒服,不好!"我"不会是动了心吧?

"高阳是唐太宗李世民的第十七个女儿,自小聪慧伶俐,倍受太宗宠爱。她15岁时嫁给了凌烟阁名臣、宰相房玄龄的次子房遗爱。谁曾想,这个房遗爱不是高阳喜爱的翩翩公子,是个虎背熊腰的武夫。高阳公主成亲后,就不接纳房遗爱,这个丈夫形同虚设一般。日子就这么一天天过去,直到有一天,高阳外出打猎,遇到了年轻的僧人——辩机。这位辩机和尚15岁出家,深谙大小乘经论,是玄奘法师弟子,他协助师父玄奘编撰了著名的《大唐西域记》。21岁的辩机风韵高朗、文采斐然,16岁的高阳婀娜多姿、多情善良,两个散发着青春活力的年轻人一见钟情,很快就坠入了爱河。"东山动情地说着这段话。

紫玉突然看了"我"一下,我看见"我"赶紧低下了头。

"他们在一起相爱了八九年,高阳是享受了八九年的爱情滋润,辩机的心中却痛苦彷徨了八九年,他毕竟是和尚,每次幽会后他都不断谴责自己,最终他下定决心斩断情丝,借译经撰书为名,渐渐与公主疏远。而辩机身边,仅保留了一个高阳的玉枕作为纪念。哪曾想,玄奘译经的弘福寺竟还会闹贼。这个小偷,偷走了辩机的玉枕,也偷走了辩机的性命。这段恋情被这独一无二的玉枕曝光,颜面失尽,太宗将辩机处以腰斩。一代高僧,以最耻辱最惨烈的方式死于市井小儿的嬉笑声中。大痛之下,高阳也不再是原来纯情的高阳了。太宗去世后,她还发动了一场政变,三尺白绫结束了这位大唐公主年轻的生命。"

"这些公主贵妇们,为什么那么迷恋和尚?"元冥不解地问。

"我认为首先是因为好奇!和尚长年修行,身上散发出一种神秘的吸引力,同和尚在一起的这些贵妇人不但能得到肉体的兴奋,而且她们也有一种心理安慰,仿佛有神力加持一样。"明慧说道。

"这不是饮鸩止渴吗?诱僧是大罪过。"元冥说。

"我认为除了好奇和神秘感之外,这些贵妇人们都有不同的心灵创伤,而和尚们心胸宽广,懂得谦让,交往中能理解和体谅别人,能让人信赖。"东山博士说。

"那也不能胡来啊!"元冥愤愤地说。

170 | 性

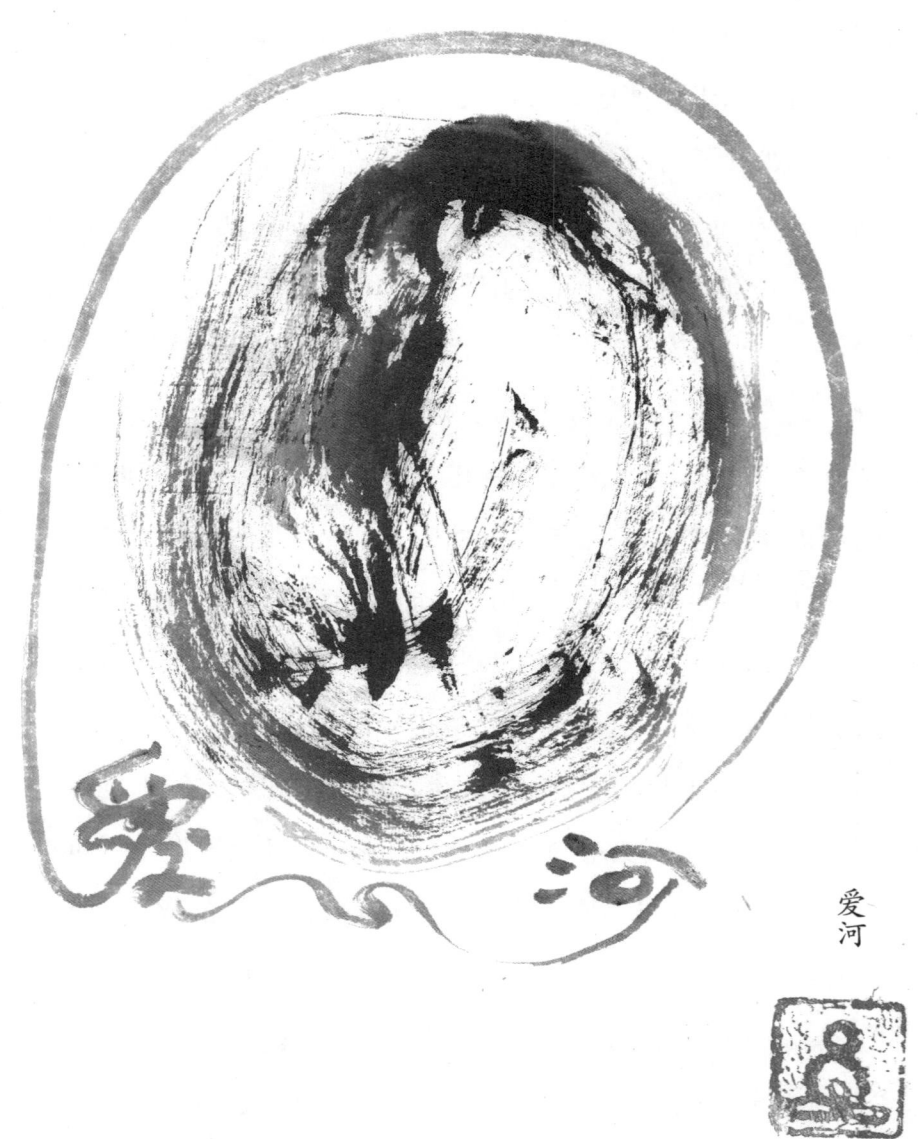

爱河

"我认为僧侣们身上具有常人不具备的仙风道骨,你看看我们水月禅师,他要是脱了僧服,还不是玉树临风?而且僧侣们长期修炼,功夫也非常人所及,女人对和尚身心的崇拜和依恋也属于正常。正是这种神秘吸引力,会让不少女人飞蛾扑火,奋不顾身。"东山博士接着说。

"但是和尚们可以拒绝啊!"元冥不解地说。

"你以为和尚都一样吗?鱼龙混杂,有些和尚贪图权势,有些则不忍也不懂拒绝。"明慧接得真快。

"我认为你们讲得都有道理,但色这个东西在佛法中很微妙。一休和尚知道吧?"宇文教授讲道。

嗯?我怎么不知道?

"一休禅师据说是天皇的私生子,出家后自号'狂云',写了《狂云集》《续狂云诗集》,他敢说'名妓谈情,高僧说禅,实有异曲同工之妙也'这样的话。敢写'十年花下理芳盟,一段风流无限情。惜别枕头儿女膝,夜深云雨约三生'这样的辞世诗,实为一代情僧的惊人修行境界。他还有一首诗讨论参禅的体验与性爱的经验:'临济儿孙不识禅,正传真个瞎驴边。云雨三生六十劫,秋风一夜百千年。'诗中'瞎驴边'当然指他自己。1447年一休离开大德寺后就住在京都瞎驴庵,自称瞎驴庵主人。他反复发誓要云雨三生的对象便是晚年的夕阳恋盲女森,他认为两人之间三生相爱,三生云雨不断才是真正的参禅成佛。这种大自在、大性情、大洒脱敢于直面而对情。"宇文教授笑道。

"非上上根器之人不能修顿悟法门,密教宁玛派祖师莲华生大士也说:修我道法有如毒蛇口中取珠;狮子跳过处,兔子不可跟着跳。凡人取相,圣人留心,不是人人可以乱学的。"东山博士说。

禅师

"不同层次的修者,需要不同的修法和戒律。"宇文教授说道。

"教授,是不是就像小学生自己难以控制自己时,需要父母严加管教,到了中学、大学,成家立业后,就可以自己带动自己了,所以这个戒律也就没有那么严格了?"东山博士问道。

"这么理解不全面,修行的人用戒是帮助治愈欲望的贪心。"宇文教授说。

"戒律只是出家人或者居士才需要遵守吗?"紫玉问。

"儒家的克己修身不是戒律吗?禅对出家、在家、受戒、持戒的概念和其他宗派有些区别,惠能大师在受了弘忍大和尚衣钵后,和猎人们一起在深山隐居十六年,这十六年命似悬丝的生活对他形成自己的思想有着相当深刻的影响。即使受戒后,他也还是使用'惠能'这个俗名。马祖道一禅师不也是用他的俗姓'马'来作为他的法号吗?禅认为出家是指修行行为,发菩提心,行菩萨行,自利利他,就是出家,不是一般意义上剃度了才叫出家。'形出家'是指剃度、着袈裟、持戒,身在寺院。而禅强调的'心出家'是指修行人虽然外在生存环境和形象并无变化,但心中已放下诸多烦恼与欲望,一切外境不会牵累于心。其他佛教宗派认为形出家比心出家优胜,没有了家庭和一般社会事物的挂碍,可以专心一意地修行,但是禅则认为,形出家与心出家无二,无有差别。"宇文教授讲得很仔细。

"教授,那就是说我跟着师父修行,心出家了就是出家了?"明慧问道。

"对啊,你看你师父她平时在哪里修行?她和普通人有什么区别?一定说有,也是内在的不同。初学者往往容易模仿修行的外相,感觉自己和常人不同,装模作样,佛言佛语的这种行为反而容易招致身边人的误解与反感。"教授点头。

"我给你们补充一下！"哦，小珠想说什么？

"大家都认为修行要'出家'，我希望别忘了更要'入家'。人要回归到本性清净的状态，本性清净是我们原来的家，入常乐我净的家，入如如不动的家，入现实生活中自然的家。教授说不要刻意人为地假装什么，很多人把禅心想象成博爱、仁慈、亲切、宽容。菩萨总是被假设成温和、微笑、不发脾气的好人。感觉修禅就应该是苦修，这不错，但是不完整。禅心是不二的，脱开了不二的禅心，你失去了禅心的绝大部分。当我们面带微笑、功利地做'慈善'，做所谓'正确的事'的时候，你就只有禅的'相'而远离了禅的'心'。"

我很认可小珠这番话。

小珠接着说道："不二是佛法最高境界。修行的人，无论修什么，比如持戒、布施、禅定、精进、三十七道品等，脱离了不二的心，就脱离了本质。"

"师父，那为什么一切宗教、修养都在讲行善？佛教也说诸恶莫作，众善奉行啊！"紫玉不解地问。

"在没有明心见性之前，必须要执有相的善行，这就相当于渡河可以用船，可以走桥，每种修法的目的都是到达彼岸，当我们谈到悟道，意味着自心的彼岸，意味着生命从某种状态中醒来。从哪里醒来？从沉睡中醒来。什么是沉睡？沉睡是无明。为什么有无明？不是别的，正是因为分别心。"

"师父，我明白了，念佛、行善、持戒、苦修、咒语、禅定这些全部都是桥或者船，对吗？"

小珠微笑点头。

性 | 175

出家

"师父,那'中国禅'的顿悟法和各种渐修法有什么区别?"

"这区别可太大了,以后再告诉你。"

哎呀,"我"怎么到现在一句话没说?我发现"我"似乎对紫玉很在意。紫玉拉明慧的手,"我"的样子就有些尴尬;紫玉两眼瞪着东山,无限崇拜的时候,"我"的头永远低着,这不对劲。

对于生命,不论修何种法门,最难转化的是色性。这个世界没有男女就没有新生命,人本能总会不自觉被异性吸引,即使常年在深山戒行清净的修者,也未必能除掉色欲种子。我很想问问"我":色欲种子是如何形成我们的习性,无影无踪突然出现而影响我们的?

小珠刚才讲得好,生命因迷执而生分别心,掉在分别对立中而起无明。由无明中起心动念生出业识,业识累积成业性。源头是:在无始劫时,生命为什么会迷执?当下之爱我、迷我、恋我、为我、执我、信我、我的……这一切最基本的载体是什么?是这个有形之我的生命体吗?是下面那个"我"还是现在思考的这个我?

当生命执著追求某类念识时,心意识则恰恰在加强相反的念识。如生命执著于干净时,心里就越在加强地告诉身体"什么是脏"?肮脏的信息不停出现在脑海形成反应,如大小便、痰、脓、尸骨、体臭等等就越易在心地上显露和停留。如生命最后一刻仍执迷于所谓的干净,掉入屎尿地狱就是必然了。

为让我这个生命中某类意念满足,常人就向外攫取、占有,这就产生了某些习性。我想,这个叫水月的"我"一定追求无色无欲多年,越是不想女人,心意识就越会留意女人。空与色、男与女、雄与雌、公与母、物质与意识、身与心、动与静、实与虚、质与能、天与地、大与小、外与内、上与

性 | 177

精进

下、表与里等等,凡所有生命均具二元,所有时空物象也均是二元变现的统一。生命体在二元状态下才会有所谓出世间的清净,才会有进入到世间的繁杂。二元状态下面对这时时刻刻的阴阳,时时刻刻的诱惑,时时刻刻的偶然,时时刻刻的平衡,时时刻刻的做作,就有所谓吃喝睡与男女之欢的需求,这种修行是假修行,遇到事情该烦恼一样烦恼,该执著一样执著。

地狱并非心识外在有个什么地狱,是自己心在造作,业识使之。心外无法、无六道,佛是自心,魔是自心,阎王也是自心。心最根本的主宰是什么?是"性",必须直接于心中下手,不迷执于风花雪月的入世之乐,更不迷执于参禅、打坐的出世之相,方为上上之正法。有了义不了义、究竟不究竟、圆满不圆满之别,通达者实无有什么显密、禅净、出家在家、出世入世之分,人的修行之功德与其打开心智、心量大小而明心见性是一致的。不明心见性本质上就是盲修瞎练入不了正道,这是万法归宗意义所在。

就如同修净土并不是为追求一个所谓干净的佛土,而是要觉悟一个根本:超越干净与肮脏之一元境方可入净土。此所谓净土,并非净土,是谓净土。更确切地说,二元分别与时空的存在机理一致,这是万事万物内在运化规律,中道、中观,《易经》则谓之"交易"。不交不足以生,新生命的诞生均须以"交"为前提。所以,《易经》对变化成就用"爻"字表示,这也是相交之理。

正邪、染净是什么?心随境转为邪,境随心转为正,就这么简单。

弘忍大和尚说"有情来下种,因地果还生;无情亦无种,无性亦无生"。我们不是无情,而是不要执著在小"我"小"私"中的凡情。有我、有

性 | 179

生命

私就有对立的他、公,这样怎么悟道?

《坛经》中讲一行三昧者,于一切时中,行住坐卧,常行一直心是也。"一行三昧"是对治色性的修法,这个"我"怎么就忘了?

"三昧"是什么?传统讲是指专于一行,修习正定。但惠能祖师在传统中进一步扩大了"三昧"的含义,他认为只有在行住坐卧的日常生活中,精神专注于一境,才是"三昧"。一境便是直心,一旦能达到这直心境界,哪里都是清净道场和清净佛土。这点和《维摩诘经》说的"直心道场、直心净土"契合。

四祖道信是将"一行三昧"真正引入禅的第一人,于此成为东山法门的标志。神秀禅师于大足元年(701年)入东都面圣,武则天问禅师曰:"禅师所传之法,谁家宗旨?"答曰:"东山法门。"问:"依何典诰?"答曰:"依《文殊说般若经》一行三昧。"则天赞曰:"若论修道,更不过东山法门。"

天台智者大师"一行三昧"的修法是:以九十日为期,独居静室中,跏趺正坐。摒除恶觉,舍诸乱想,不杂思惟,止观法界,信一法皆是佛法,除经行、饮食、大小便之外,时刻相续,无须臾废此三昧。唯此精进不懈,念念无间,能破除业障,显发实相之理。道信祖师曾在庐山大林寺止住十年,而大林寺便是天台智者大师创建,是天台禅观的重镇。

道信祖师的东山法门将天台智者大师"一行三昧"克期取证的九十日放宽到了一年、三年、五年,以至更长。道信祖师的一生"昼夜常坐,胁不至席,不卧六十年"。

"一行三昧"乃禅者"以心印心"的方便法,以此摄身心,心定于一处不散乱,不受外境影响和摆布。此法传自道信祖师,到了惠能祖师时,他虽偶尔也劝人端坐,但禅法的主导却更不拘于形式,讲究于一切法上无有执著。

此时此刻看着"我"在下面的心、行,犹如从居住了很久的旧屋中搬新家,人虽不在了,看着旧房子心中有些许潮涌,终归是在"众生"这个壳中呆了太久,仿佛是一件穿了很久的旧衣服,被脱下来扔了,也会想起。我们如何在一个数万人的集会上,当群情鼎沸、手舞足蹈时,于此人群中随缘与众人一般沸腾,与人融合,而差异是:知蹈而不蹈、身蹈心不蹈。

下面的"我",就像一个皮球一样被一丝欲望所牵,心中反反复复,时佛时众生,我知道度过这道色性屏障之后,又是光明。

由此想到祖师、师父的时时教诲,正当是耳提面命时,实叫人汗颜。

南来北往走西东,看来浮生总是空。

天也空来地也空,人生杳杳在其中。

日也空来月也空,来来往往有何功。

田也空来地也空,换了多少主人翁。

金也空来银也空,死后何曾在手中。

妻也空来子也空,黄泉路上不相逢。

大藏经中空是色,般若心经色是空。

朝走西来暮走东,人生恰似采花蜂。

采得百花做成蜜,到头辛苦一场空。

夜后听得三更鼓,翻身不觉五更钟。

从头仔细细思量,便是南柯一梦中。

不信但看桃杏树,花开能有几时红?

一行三昧

二

行!

不能再这么观望下去了,"我"已经越走越远,我必须进入"我"的心。可是?我和"我"合一后,到底是大梅法常呢?还是现在那个傻呵呵的水月呢?

嗯,这个?管不了这么多了……

"我们禅修行法大约有:立、坐、行、半行半坐、非行非坐等等。"紫玉正给元冥讲禅修,她的声音像黄莺鸟一样清脆动听。

我发现我最喜欢看她的侧面,笔直挺立的小巧鼻子,粉嘟嘟的小嘴巴,红润水嫩。还有,还有她真丰满,高耸的丰胸每次讲话都会微微颤动,我的心也跟着一起颤动。

"你看我现在赤脚站立,这叫立禅。我的身体直立,身心都放在呼吸上,别忘了注意你胸口的感觉还有足底的感受。这和打坐一样都需要专注,你现在什么感觉?"紫玉像个老师一样在指导元冥。

"我的脚底发热,感觉大腿变硬、变紧,整个下肢沉重、麻木,腰腹刺

184 | 性

内心

痛,哎呀不行,我好像站不住,一闭眼就失去平衡,头晕得很,不行不行,我立不住。"元冥马上败下阵来。

"你别着急。"东山博士站起来,很温柔地扶着元冥。

"我来扶她。"紫玉马上过来扶住元冥,一把推开了东山。

她不喜欢东山去碰元冥？为什么她推开东山时,我感觉很不舒服？

"元冥,立禅需要平衡性,你平时晕车晕船吗？"

"晕。"

"啊,那你立的时候最好扶着人。"紫玉说着说着就拉着东山,半歪半倒地挨着东山。

"紫玉,你这么靠着东山还立哪门子禅？人家元冥平衡性差,可以修行禅和坐禅啊！"明慧看不下去了,忙过来解围。

我不自觉地也立起来。元冥看到我站起来,忙说:"水月禅师,行禅要注意什么？我很想回去以后可以跟着您实修。"

"哦,哦,抱歉,我不能带您修,不过您可以自己学行禅。慢行禅、快行禅和自然行禅都可以,慢行禅时,注意双手轻轻握拳,每一步路是脚掌一半的距离,脚尖着地走得很慢很稳,步步为营。快行禅的步伐要大,双手自然下垂,呼呼大摆起来,自然行禅则要全身放松地步行。"我有些不太好意思地说。

"这看似简单,行则不易。"东山博士点头说道。

"和平时走路可大不一样,必须在步行时使脚底保持和地面平行,尤其是提起、移前及踏下时,注意力注重在脚底的感觉,刚开始我都不会走路了,慢慢才习惯。我刚行经时,常常独自在房间修,一个人室内打圈子。行完感觉通体大汗,好舒畅。"东山微微离开了紫玉的倚靠,往象背的左边空地站立。

奇怪的是,他越往左时,象背的空间也随着扩大。他开始还有些谨慎,不敢移动,发现象背在随着他的脚步扩大后,他试着继续往左行走,象背上的空间也随之扩大。

"哈哈,哈哈,紫玉,元冥你们看,我在行经。"东山高兴地大笑起来。

"我来了!"紫玉一下子跳过去,还是紧紧挨着东山。

"我也来了!"明慧也跳过去,插在紫玉和东山之间。

他们三个人就在象背上行起禅来,他们越往左走,象背的垫子就往左边扩展,无限扩大,我本来以为左边那么长,会让我们失去平衡,没想到,我们这边稳稳当当地根本不为所动。

"明慧,你不要东张西望,把颈、背部挺直,眼光看着前面两脚的位置上,脚跟和脚趾要同时放到地面。"紫玉为什么说话总是那么有威严?"禅师,行禅有什么好处?您也教教我好不好?"元冥的声音像个小猫一样,温柔得让人无法拒绝。

"修持,不应该只在道场,步步是法。人自身的所有行为,是自然的规律,也自然在这个行为中得到宇宙的加持,如果你的举止行为不符合自然规律,就算成天打坐也不会有什么效果。"我正色说,虽然无法拒绝回答,但,我可以离她远一些。

咦?三位行禅的人怎么不见了?

我望过去时,象背的左边和原来一模一样,既没有扩大了的空间,也没有了那三位。

看我向着左边呆望,元冥一笑:"禅师,您别心神不宁了,您师父在那里菩萨一样地安坐,小珠师父也不出声,那三位能有什么危险?他们不带着我们这些没意思的人,自己玩去了,一会儿肯定就回来的,您关心关心元冥,你说说卧禅怎么修?是不是就是睡觉?"

我被她讲得有点尴尬,是啊,师父们都在,我担心什么?我为什么那么魂不守舍?睁眼闭眼都是紫玉的身影。她的眼睛,她的小嘴巴,她透明的皮肤,黑黝黝的长发,怎么会她一动我就心跳加速?在峨眉山初见那次,我与她就有一种亲切的感觉,她一开口我会觉得很舒服,很爱听。她比我小那么多,但感觉她就是我记忆中的妈妈。

我其实并不清楚什么是和妈妈在一起时的亲密感觉。我3岁多时父母双亡,一直在孤儿院里,12岁被亲戚领走,送去山里修行,再后来遇到师父,从此开始了新的人生。师父像什么,像山?像天空?像父亲?

但师父唯独不像妈妈!我不清楚为什么一看到紫玉,看到她丰满的胸脯就想起了妈妈?我不知道妈妈长什么样子,妈妈会和她一样爱说爱笑吗?她什么地方深深地吸引我?是丰满的胸脯吗?我想靠在这个胸脯上睡一觉,仅此而已,这是回归婴儿的感觉吗?是我在渴望抚爱吗?

记得第一次见到紫玉那个静谧的早晨,山中游丝般的雨扑簌簌地下着,她和小珠师父从天而降,走进我的茅屋。她身上有一缕我熟悉的清香,在微微潮湿的空间里荡漾,嗯,那是玉兰花的香气,那是我最难忘的味道。

我从小就喜欢玉兰花,记忆中家门口就有几棵高大的玉兰树,遇见师父也是在一个玉兰花盛开的早春时节。我曾经一次一次地在梦里梦到玉兰花,梦里有一片小山坡,满山都是玉兰树,我站在山坡上抬头看天空,云卷云舒、飘逸无碍;低头看玉兰,含羞待放、纯白无瑕。玉兰树下是

平衡

模糊的妈妈的影子。我有时会想,做个天天与花为伴的修者也不错,与花同喜同悲,爱花护花、赏花惜花、怜花葬花,人生品质可以纯洁一如玉兰吗?

初见紫玉那一刹那,微风带着她身上玉兰花的清香拂过我的脸颊,那时的怦然心动,仿佛又回到我的心上,她就是我心中的那朵常开不败的玉兰花。我不知道十九年前的那一天我是怎么度过的?好像一天我都在傻笑着,我记得她在茅屋中哈哈笑着,不停地说话而被师父斥责,她好像也不在意师父的责备,还是说啊说啊,她说的什么内容我听不太懂,好像我跟她讲的一些话她也听不太懂,反正那天我们两人在一起说话、烧火、做饭,她若有若无的香气随着她的黑发在我心中甩动着。

对了,还有那天下午下山的栈道上,那是我每天行禅的地方,那时是深秋了,她的手很凉,她在栈道上战战兢兢地死死拉住我的手,我是第一次拉女子的手,哦,应该说是被女子拉,她紧紧地拽着、拉着我,简直都无法行走了。

走着走着,她突然听有悉悉索索的声音在栈道上面,就问我,什么声音?我说,可能是蛇,这里有很多蛇。她一声惊叫,差点摔下栈道,然后就更紧地贴住我,她不知道那一刻我其实比她还紧张,因为她的前胸完全紧贴在我的后背上,我大脑一片空白,根本无法呼吸。我当时那个心跳得哟,嘭嘭嘭,比看见蛇紧张多了。

我不太明白蛇有什么好害怕的,不是和我们一样的生命吗?你不去伤害它,它不会主动伤害你。动物对气场特别敏感,当你没有害它之心时,它完全可以感觉出来。师父说人原来也有这种能力的,但因为产生了语言,语言让人的心门关了,用语言沟通后,人慢慢就不用心而是用大脑带动,这样就出现了欺骗、误解,彼此之间越来越互相不信任,所以师父让我尽量少说话。

我们两个人当时都很紧张,手心里全是汗,黏黏地粘在一起。我们就一直这么拉着手下了山。有只白色的蝴蝶从头到尾都在我们身边飞舞,看着我们走下山,一直到夕阳柔和的光投在每片树叶上,我们才恋恋不舍地告别。

那天以后,我偶尔会想起那个微雨的下午,山中云雾飘绕中那缕玉兰花的清香,想起妈妈一样丰满的胸脯,想起那牵过的满是汗的小手。人的记忆真是奇怪啊,分别那么多年,每一个情景,每一丝气息,还是如此清晰。我曾经以为缘份仅此而已,我和紫玉再也不会相见了。

我没想到十九年后当她突然走上象背,看到她迎面上来时,我猝不及防全身如遭雷击一样麻木。尽管我一直表现得镇定自若,但是内心却难以掩饰那份慌乱。

我突然转身看到了一旁打坐的师父,哎呀,我这样的心念要是给师父知道了,算不算犯戒?师父曾经说,色性有内外之别,与外是产生了行为,而与内是有了色心。小乘戒律以行为为标准,而我们禅者以'即心即佛'为根本,万丈高楼平地起,菩提道上戒为基,在心上用功,心以无相为相,因此禅者守的是心戒,身不动而心动,已经算破心戒了。

师父多次说戒律不是死的,在对众生有利的利他心推动下,犯戒叫开戒,不是破戒;如果是对自己有利的私心下,犯戒叫破戒。因此师父反复讲心戒无相,一切戒律,只要是利他无私的,犯戒是属于开缘;凡是属于利己的,妄语、妄念这些则是破戒,是有罪的。

这可怎么办?师父如果问我,我说不说?不说是妄语骗师父,说了师

性 | 191

心门

父会不会轰我出门?那我岂不是白修了?不能说,不能说!

可我不说难道师父就不知道?师父会看不出来吗?唉,我起了这样的妄念已经破戒,师父知不知道都是破了,我该怎么办才好?

"水月禅师,哎哎哎,您在发呆想什么呢?"元冥突然摇着我的胳膊,大声地叫着我。

我抱歉地笑了笑。

"您在想什么呢?您跟我讲讲卧禅吧?我都问了您三遍了。"元冥似乎有点委屈。

"哦,卧禅啊?我们练习卧禅一般会在子夜,向右侧吉祥卧,如同狮子的卧态,把左脚轻放在右脚上,摄身心不乱,专心观照太阳穴接触枕头、臂部或身侧与床接触的感觉;然后正念于呼吸的进出,观照觉知的生起和灭去,有的禅修者右卧有困难,那就以自己相应的姿势来躺,但一定要注意正念与正知。"我慢慢地讲道。

"这么简单?"元冥有些失望。

"对啊,修禅法需要自己实证实修,否则无论我怎么讲都是别人的感受,自己体会才知道说起来简单,做却没那么简单。你刚才立禅没五分钟就不行了,所以讲道理简单,自己实修就知道了。"我耐心地说。

"嗯,水月禅师,您今天为什么老出神?"

"我,我有吗?"

"有啊,嘿嘿,但是您出神的样子特别可爱。"元冥说着说着居然把手伸出来拍了拍我。

她,她怎么那么不注意?随便动手动脚?

"您不是在想他们三人吧?不用担心,您看,这不是回来了吗?"我忙转头去看,哎呀,怎么啦？去的时候三个人笑眯眯的,回来时却垂头丧气的。

我还没开口,元冥便问:"紫玉,你们怎么了？"

紫玉摇摇头,没讲话,明慧也不说话。这两个爱讲话的人一旦不讲话,指望东山博士是比较难的,他的头低得比胸还低,这三个人怎么了？我心中着急,但不好意思主动开口询问,只好无奈地等。

"紫玉,你为什么自己不去问？"明慧突然大声对着紫玉说。

"嘘,你说话小声点行吗？老禅师和师父在静坐,宇文教授和小寂然睡着了。"紫玉讨好地低声对着明慧说。

"你们怎么了？"元冥忍不住地问。

"元冥博士,东山博士成家了吗？"明慧突然问道。

"成……了……吧？"元冥没想到是这种问题。

"我今天告诉你们,紫玉喜欢东山博士,你们说说这有道理吗？该不该叫醒师父和教授,告诉他们？"明慧大声地说道。

这还用叫醒？他以为师父们是在昏迷吗？可奇怪他们三人为什么一点反应没有？这也太乱七八糟了！

"你们猜刚才我们去了哪里？这个象背太神奇了,怎么走也走不到头,后来紫玉把我支开,让我下去看看,结果我一走开她居然去问人家东山博士喜不喜欢她？知道人家有太太还说个没完,什么在教授那里见了他几次,很喜欢他等等疯话。"

大家集体张大了嘴,看着他们。

"我其实没走开！我听着很心疼呢！今天我告诉大家,我一直喜欢我这个师姐,我喜欢她好多年了！她故意装不知道,看到我一次次为她兴奋和难过,她一点不内疚吗?其实怀着一颗喜欢别人的心是一件很幸福的事情,现在我终于明白什么叫落花有意流水无情了。"明慧说话的样子像要吃人一样!

佛祖啊!怎么他也在暗恋紫玉?这可怜的人每天和喜欢的人在一起,又得不到爱,他真是太苦了。

看到大家集体吃惊的样子,明慧继续气愤地说,他说着话的时候,脸色苍白惨淡,我知道他很难过。

"我以前看到水月禅师送紫玉的一个书签:'花非花,雾非雾,夜半来,天明去。来如春梦几多时?去似朝云无觅处。'禅师,是您给她的吧?"

啊?怎么说到我这里来了?真是太惭愧了,这书签怎么会让别人看到?这是峨眉山的那天下午,紫玉从我的书里抽出来的,我知道她喜欢,于是送给了她。

"是的,是我十九年前送她的。"我低声道。

"可能您不知道,她跟个宝贝似的一直带在身边。"明慧对着我说。

哦?莫非,这十九年紫玉的心也如我一般?

"刚才,她把随身带着的这个书签要送给东山,说是保佑他一切顺利,我才被她气疯了!我知道这是您送给她的,她怎么可以这样?"明慧转头看着紫玉吼道。

什么?转送东山?为什么?我的书签怎么能保佑东山?

这时,谁也没注意元冥的脸色在急速转变,谁会知道这时候除了我之外,她的心里应该也是别有一番滋味呢?这"滋味"是什么呢?我虽然喜欢紫玉,但这种喜欢并不是占有的心,我只是默默地喜欢她就够了,有这种喜欢的心就好了,偶尔心里泛起温柔的感觉,就满足了。

我静静地把这份感情珍藏在心底,留待自己品味。

可是现在一切都在变化,紫玉要把我的书签送给东山,她知不知道这书签的含义?我的脸色如心情般灰暗下来,有时候人生的美好在于不知道事情的真相,为什么要送给别人,又为什么要让我知道?

我看着元冥脸色从土黄变成黄红,现在又转成了鲜红,我立即知道了她的心。她在嫉妒!

我想她一直认为我是神秘的,不可接近的,所以心中对我存有亲近感,但是这个傻子明慧破坏了这种亲近,说出了我送给紫玉书签,女人善妒,这是几千年来不变的真理。

我又看到东山博士的脸,这张脸变得漆黑,黑气充满,哦,他在害怕!心在收缩,是因为他有家庭?还是因为完全出乎意料?抑或不敢去想后果?

我再看紫玉,紫玉,你的脸色怎么变得如同海水一样深蓝?因为你此刻的心如海浪一样飘忽不定吧?你能告诉我为什么要把我给你的书签送给东山吗?我没有什么加持力的,我送给的书签只是因为这书签是我的心,不是因为它有什么神力。

紫玉,此刻你的心情是心乱如麻吗?是委屈、逃避、不舍?还是无所适从、不知所措?是纠结、烦躁、压抑,还是痛苦、懊悔?我能听见你的心在轻声呻吟着,隐约地在我耳边萦绕,我知道,那是属于你的最真实的声音。

我还清楚地记得那天你告诉我许多事情:你之爱桂花如同我之爱玉兰,你妈妈在家里的院子里种的大桂花树,你笑着告诉我如何摘下桂花

佛祖

来晒干,如何做桂花茶,你说你要给我做桂花茶喝的,十九年了我也没等到。我仿佛看见你家里满是甜蜜的香氛,细细密密的桂花顺着你的呼吸蜿蜒至心间,你跟我说话的时候如同站在那芬芳里,闭上眼,打开心,尽情享受,那一刻你是那么空明澄净,我当时就想搬一张椅子,在那桂花树下,与你相伴。

紫玉你现在应该是累了,睡吧!梦中没有心乱如麻、没有爱恨嗔喜,你应该和着那个桂花梦轻盈香甜、浅笑嫣然,你如麻的心事在桂花的芬芳里变得舒缓安静。紫玉,梦中应有月色如水,丹桂幽然,你快睡一觉吧!

师父啊,人,为什么要有感情?又为什么一定需要结局?彼此占有了就一定会幸福吗?此刻无论紫玉以何种心对我,即使把书签送人,我想到那书签既然已经在她身边保存十九年,心中已经十分欢喜和感恩了。遗憾不应该是感情最该有的余味吗?

"莺逢春暖歌声歇,人遇平时笑脸开。几片落花随水去,一声长笛出云来。"

突然之间,小珠师父在低声吟唱,随后师父的箫声清凉悠扬。

啊!这行云流水般的高低相随之音,一如凤吟,一如龙啸。渐渐的,我的满腹心事便在那音声、那箫里融化,我的心瞬间找回了本来的样子,清亮如星,我释然地笑了!

师父身披薄光,气宇昂扬,箫声清澈,如杜鹃声啼,小珠师父悠悠扬扬禅音如鹂鸟歌唱。

音声寒,箫声远。我竟有些恍惚,人的诸多情感都为了什么?到底为了什么爱,为了什么恨?百年以后谁是我?百年以前我是谁?

突然之间,我们似从洞里转入一片森林,耳边婉转啁啾,天地豁然开阔,大家一扫眉间的阴霾,都惊呼起来,这是哪里?一片盎然的生机……

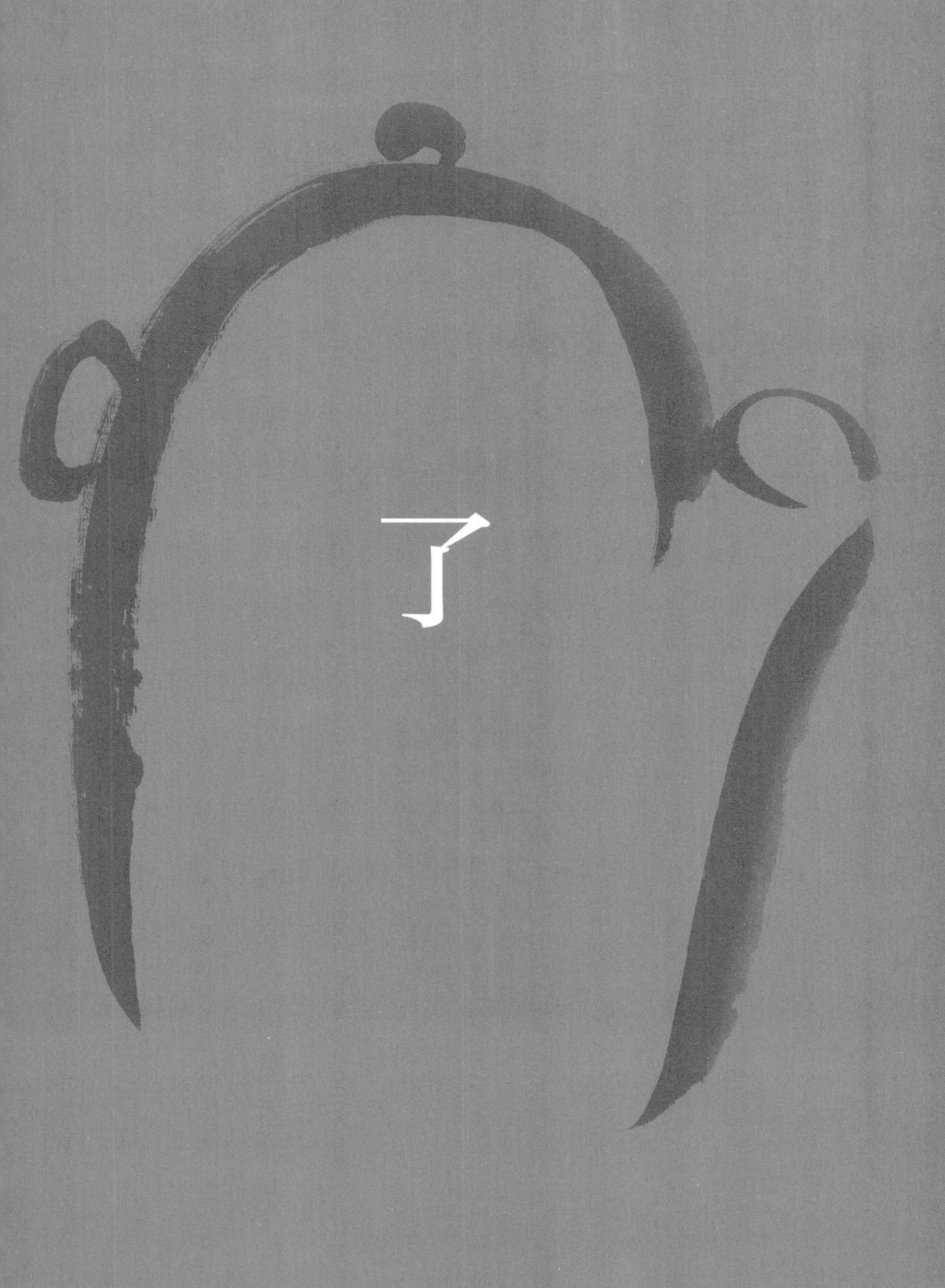

一

我们终于通过了一个长长的洞口,洞里有崖、有地、有潭、有穴;壁有五彩,状若云霞;泉有八音,声若琴笙。

从洞中出来,突然之间是一大片幽雅的竹林,竹林后面是一大片怒放的桃花林,漫天桃花飞舞。大片大片的桃花林后面天地开阔,看得见连绵环山的村庄,鸡鸣犬吠之声相闻,到处是人间的气息。

我们竟然从冬天走进了春天,天是蓝的,山是青的,山坡与平原是姹紫嫣红的花海,紫色、粉红、白色、翠绿……清风徐来,花气袭人。柳树抽出翠绿的枝条,在微风的吹拂下,轻舞飞扬。溪水发出银铃般悦耳的笑声,扬起一朵朵小水花,好似一颗颗晶莹剔透的珍珠。

溪水环绕着村子,蜿蜒流淌,地里有农人在播种,撒下一把把种子,手里沾着泥,而守在岸上的孩子和小狗在彼此嬉戏着,追逐着……

我们坐在象背上继续往前走着,啊!怎么走进了夏季?池塘里的莲花盛开了,挺拔高大的树木,伸展着茂密的叶子,有人在大树下纳凉。溪水里孩子们光着屁股在戏水,还有美丽的村姑在溪边说笑、洗衣……我们这么走着走着就到了傍晚时分,这里又是一片秋天的色彩。夕阳的余晖洒在麦田里,麦穗在风中掀起一层又一层的波浪,金黄金黄的,好像一片金色的世界,地里的人们脸上是丰收的喜悦。

几个孩子站在田埂上美美地在吃香喷喷的烤红薯,生红薯是硬的,只有烤熟了的红薯才是软的;未成熟稻子的头是直挺着的,只有成熟了的麦子是低头的。人生不也是如此吗?知而不言,言而不知;这一路上浮

戏水

鱼老禅师温润如美玉,大音希声、大直若曲、大巧若拙、大象无形,他要说的都在箫中了。

我们啊,皆因于习气深,刚强难伏,最难伏的就是自己的妄想分别,如此沉沦于六道苦趣中不得出离。昨天在象背上,这几个人心魔乱起,心浮气躁,妄想纷飞时就会看到的都是各种妖魔鬼怪。暗恋的、恐惧的、绝望的、嫉妒的、心乱的,什么禅者?什么博士?逃不脱"情绪关口"时在情绪面前统统都归于低能,一样的傻子,半天时间都入了几次魔了?

当烦恼障住心时,观音菩萨出现也不会认识、不会留意,搞不好认为观音菩萨也是别有用心的人,想从这里弄点好处回去?

心明时即"心有灵犀一点通",谁来点呢?须有老师。谁是老师?可能是身边一切人,还可能是事、物、山河大地、诸佛菩萨、经典著作,随机缘到了万事万物皆可为师,灵机一动感应交通,豁然明心。明了什么呢?就因人而异了,可能是"一即一切、一切即一",或者是"不二皆同、无不包容",也可能是"至道无难、唯嫌拣择"……

秋风在我们脸庞轻抚着,落叶好似蝴蝶在空中飞舞,时而直下,时而旋转,时而缓落,时而迅飞。啊,树林里的果子也熟了,结满了果子的树上,红彤彤的苹果,黄澄澄的梨,多诱人的秋天啊!

"师父,我们可以下来走走吗?这里太美了!"紫玉向我请求。

我看了一眼浮鱼老禅师和宇文教授,他们既然都不反对,于是我笑着答应了。

这一下好了,除了水月禅师之外,他们五人立即开始商量如何让大象停下来。

这时我们才仔细观看这头白色六牙大象,它的肩有四人那么高,耳大如盆，四肢如柱，脚生四趾，头特别大，嘴里有三对弯曲的大门牙，圆筒状的鼻子和身体差不多长，伸屈自如；身上纯白色的细密长毛，在阳光下闪闪发光。看它走路感觉好像慢吞吞的，明慧试着往下爬，但爬到一半就放弃了，他发现它动得太快，他看着就头晕。

于是他们集体说东山博士有学问，派他为代表和大象沟通一下，遭到东山博士强烈拒绝，他说他学的是物理，不是动物学。然后他们转向元冥，说医学包括了动物、生物，元冥更加激烈地抗议：我学医，但不是兽医，临床医学里没有大象语言这一门学科。

哈哈，他们吵得不可开交之际，猴子一样的紫玉又计上心来，让寂然童子爬上象头，用脚尖在大象耳后点击，企图控制大象，她以为咱们这大象是被驯兽师训练过的大象吗？这孩子。

我看着他们忙得满头大汗，心里不觉好笑。最后我实在忍不住了，起身轻轻地说了声："停！"

那五个没反应过来，以为我让他们停止折腾，都怔怔地望我。

我接着说了声："下！"

大象缓慢地弯曲前腿，一点点跪在地下。

紫玉大叫："师父！它能听懂您说话？"

"什么它听懂我说话？你们说话它一样能全听懂！"我笑着。

"真的啊？大象宝宝，你听得懂我说话？"紫玉开心地对着大象说道。

"我不是宝宝，你才是宝宝。"当大象闷闷地说出了一句人语时，他们五人集体晕倒！紫玉疯了！寂然童子疯了！

哈哈哈哈，这神奇的世界！

"紫玉，哈哈，你喊人家千岁神象宝宝？哈哈，你笑死我了。"明慧捂

头晕

着肚子乐不可支。

还没感慨完大象,这群人又发现了新的奇迹。

"紫玉,瞧那树上是什么?"元冥眼尖,首先发现远处树上有人。

"那是……人啊,怎么在树尖上?"紫玉叫起来。

"有三人!好像在喝茶?咱们过去看看。"明慧急切地说。

这五位兴奋地下了大象,往树的方向走。我和老禅师、教授、水月禅师稳稳地舒服地坐在象背上跟在他们身后。

感觉这情景不在人间,远方有三位在树尖上喝茶的神仙,地上五位猴子一样的人在奔跑,还有四人悠悠坐在象背上,大象慢吞吞地跟在奔跑的人后面不疾不徐地走着,这都什么乱七八糟的?

"小珠师父,那三位是谁?"水月忍不住问我。

"哦,是憨山和尚在请阳明先生、三丰道长喝茶。"我笑眯眯地回答。

"我们在哪里?怎么他们三位圣人会在一起?"他不解地问。

"我们是到了明朝吗?"教授忽然反应过来了。

"对啊!教授,您不是在研究三教合一?僧兵团?儒释道三位大圣人可就在眼前。"我微笑。

"啊?这太不可思议了。我可以过去向先圣请益吗?"教授激动得站了起来,看样子他想下去跟跑步队汇合。

"教授,您糊涂了?回到过去可以看和听,我们无法参与。"我抱歉地说。

"哎呀,我一激动忘了这道理,那那,只是观看我也开心,我们可以靠得更近一些吗?"教授还是站着很激动地继续说:"小珠啊,我十几年前去曹溪拜见了惠能祖师、憨山大师的肉身佛。憨山大师《醒世歌》中这几句'从来硬弩弦先断,每见钢刀口易伤,惹祸只因闲口舌,招愆多为狠心肠,

喝茶

是非不必争人我，彼此何须论短长'。我听着很是受用。我看大师上知天文下通地理，就连风水命相什么都行，真是法无定法、方便万行啊！都说近代的虚云老和尚是大师再世，南华寺住持还曾作诗：'古德清今德清，古今相逢换了形。'两位大师的名号碰巧都是德清，真是奇迹。"教授激动不已。

水月对着教授说："我在峨眉山闭关时，时时记起憨山大师隐修山中遇僧之事。据说明万历改元正月，大师行脚至盘山，登上千像峰顶，见石洞内有老僧入定。大师上前作礼，老僧无反应，问话也不答，大师见状，便与老僧同坐。老僧下座喝水，大师也取水自饮，老僧做饭，大师自取来与他同食，吃罢饭老僧出洞经行，大师便也随行。如此七天七夜，老僧才开口：'你来此何为？'大师答：'专访隐居禅者。'老僧说：'隐居禅者就这样，没什么奇特的。'大师说：'我一进门早已看破了。'老僧笑说：'我住此三十多年，今日才算遇上一个同修。'"

"要是我，可能一会儿就离开了。"教授点头。

"是啊，我也时时鼓励自己需要这种定力，我记得这段事迹是因为我和大师一样，经行时遇到顶门轰然一声如炸惊雷一般，刹那间山河大地豁然顿空，其境不是空，不是不空，虽一切境象依旧，但身心轻快，举足如风，实在难以形容。我就是因为有此感受，才反复查阅大师的记录。当时大师回洞中将所得境界相告老僧，老僧告诫大师：此为色阴，不是本有。我们知道'受'分两类：一类是身受，就是所谓的苦受、乐受和不苦不乐的舍受；另一类是心受，即忧和喜。身受通于六根，由于六根执著于爱、生死、神通时就会产生各种感受。老僧说，他自己在晴天经行常有此境界，千万不要被它蒙蔽了。我读到此处受益良多。"

"教授,大师五台悟道的机缘也很有意思,就是水月禅师说的大师盘山遇僧的第二年冬天,大师行脚至五台山塔院寺,在雪中顿感身心清凉,遂决定于此独居静坐。独居不久,大师看人如木石,最后竟然一字不识了。大师的静室外不远处有一独木桥架山溪之上,大师每天行至桥上端坐,初闻水声不绝于耳,以后动念即闻,不动念即不闻。一天坐桥上忽然忘记身在何处,天地寂静无声,此后一切外境均不能扰乱大师,唯见一大光明,圆满湛寂,如大圆镜,身心了不可得,大师即颂偈:'瞥然一念狂心歇,内外身心俱洞彻,翻身触破太虚空,万象森罗从起灭。'过去种种,当下顿消。"

我对着水月禅师笑道:"没有此定力功夫,你看看他们五人昨天荒唐剧演得如何?"

"小珠,也不能说他们,他们就算好的了。现代人都喜欢在身体上下功夫,有钱人不停地吃各种营养品、保健品,女人们时时不离化妆品、美容院,成天围绕这个身体转个没完。现在最让我难以理解的是整形美容,要我说脸上有皱纹好办,用熨斗去熨一熨保证就没了,开什么刀啊?瞎闹!人生有自然规律,把脸啊、胸啊整个真假难分,瞎折腾!"教授感慨道。

"这是常人的快乐啊,不是说生命不止、折腾不止吗?单眼皮变成双眼皮,方下巴变成了尖下巴,折腾一下感觉好看,这样折腾折腾生活就充实了,不感觉无聊了。因为不自信,所以才为悦己者容。"我也乐了。

"其实昨天看着他们五人这台戏,要不是你在启动他们魔障前告诉我不许开口说话,我早就看不下去了。"教授说到这里,看了一眼水月禅师。

"禅师,你可别怪我们啊,小珠说你们都是情缘未了,必须让你们深刻地痛一次。"

"宇文教授,水月惭愧至极!是我业障没消完,要怪只有怪自己,水月明白这些是师父们的慈悲。"水月低头合掌。

"禅师,你很清楚对治色性须有定力。你入门时即修过不净法观身不净,身体是个臭皮囊,外有一层皮,这皮一层层剥开,里面有什么好看的?胃就像个闷锅,肠子就像下水道,哪里都是臭烘烘的。眼睛有眼屎,鼻子流鼻涕,耳朵还有耳屎等等,哪有你记忆中什么白兰花啊、桂花树啊这么多香气缭绕,这么可爱迷人?你要如实观察肉身。"我认真地说。

"是,小珠讲得对,佛法告诉我们不要在色身上用功夫,昨天看着你们疯狂,我就在想,这个女孩子的可爱、魅力保养得再好能有多久?小珠讲的不净观,我曾去医院太平间感受过,想象着死尸慢慢青淤肿胀,腐烂化脓,然后蛆虫进出,最后是一滩淤泥。我就告诉自己这样一个脏臭的肉体有什么可贪恋的?俊男美女大家殊途同归,唐朝那个狄仁杰写了一首诗:'世间美色常如春,我不淫妇妇淫人,若将美色视亡妇,遍体蛆虫臭难闻。'"教授也点头说。

"是,水月知错了。不过教授去太平间修法不可取,以后最好不要去。"水月看着教授说。

"我知道,我知道!我回来兴奋地给小珠打电话,话还没说完就被她臭骂一顿,然后教我排尸气。"教授尴尬地说。

"小珠说我没功夫,跑去太平间看尸体,那个尸气很严重,不及时排干净,会得大病。修不净观首先是在户外山间,而且修者都有一定的功夫,配合呼吸,所以身体不存尸气,我又不懂,跑去太平间观身,确实不对。"教授看着我笑道。

"小珠,什么是尸气?你那次没跟我解释清楚。"教授好像心有不甘,难道他还想去太平间?

"尸气从医学上讲是一种细菌,从修炼中说是腐气。腐气正常人都有,所以禅者在世间生活需要学习闭气法和排气法,将不得不吸入的腐气排出去。你看就像虚云老和尚这样功夫的大成就者,在世间生活不了几天就得进山,原因是人太脏了。"我说道。

"难道比动物还脏吗?"教授问道。

"当然,因为人有思想,精神上的毒素是动物的成千上万倍。修者和世间人接触需要慈悲心,越高境界的修者越敏感,人还没有靠近就能感觉到他人身上的腐气、臭气,许多修者在山中不愿下山的原因就是因为红尘中人身上气太杂。普通人钝化的身心闻不到那种味道,不知不觉被这些邪气侵犯,但可以闻到就知道实在很难闻,功夫差一点,根本抗不住,修者在红尘中弘法,需要会用闭气法。"我说道。

"小珠啊,我需要学习闭气法吗?"教授紧张地问。

"您不用,您身体经络还不通,打坐也坐不了多久,虽然比普通人稍微强点,但也是属于钝化的,只有气脉通了的人才能够吸收天地中的气,这个气有正气也有邪气,通道打开了,什么气都进出的。"

"那我也能闻到人身上的体味,他们说我鼻子比狗都灵,我闻到不舒服怎么办?"教授还是追着问。

"您可以去药店将桑枝、菖蒲、艾叶煎煮,然后冲服雄黄、朱砂,并洗擦身体,可去除邪气。我那天也教过您,不舒服时用两个大拇指掐太阳穴一直掐到后脑,这是还精补脑的妙法,掐后缓慢摇头,配合呼气、吸气。摇了以后闭目转眼睛,眼睛在眼眶内左右转圈子,就是这么排除邪

进山

气,您做了没有?"我问教授。

"当然!我天天做,你教我的禅茶导引法、转头法,我每天坚持!你看我现在有这个精力和每天认真修炼有关。"教授得意地说。

"教授,你知道不知道憨山大师、惠能祖师也每天熏茶?"我突然看着教授问道。

"这个真不知道。"

"憨山大师坐化后,弟子们就将大师真身移至憨山寺,那里距离南华寺宝林禅堂约半里地。弟子们根据供养惠能祖师的惯例,每日清晨需用热茶香汤一盂,熏大师面出汗,又以毛巾拭干,和在生时一样,供给饮食。一年还要进行一次沐浴。惠能祖师、憨山大师这些祖师们以金刚不坏之身端坐在那里,谁说大师不在了?"我说。

"啊?那我更要每天坚持熏茶了。小珠啊,我近期研究的课题之一就是古代有那么多修行门派,道家、密宗等等都是有功夫的,为什么唯有禅僧有僧兵团?你看韩国西山大师带着弟子灵圭禅师、泗溟禅师,僧兵团上天入地、来去无踪。咱们中国的少林寺就更别说了,根据我对禅门的了解,除了早期的《达摩禅经》《安般守意》这些小乘禅经,以及达摩祖师的《洗髓经》《易筋经》,后来的禅门经典里几乎没有介绍具体修法的。为什么最不重视修功夫的禅门里出了那么多武僧?"教授疑惑地说道。

"水月禅师,您是否清楚教授讲的僧兵?"我笑着问水月。

"大致知道,应该在明嘉靖、隆庆年间倭患严重时,政府开始大规模征调少林僧兵。"水月回答。

"对,当时倭患严重影响了中国东南沿海,明朝海防松驰,制度腐败,军纪废弛而战斗力极弱,沿海卫所在倭寇袭击下十存一二,士兵也只剩十分之四。日本人当时凭借着制作精良的日本刀及奇诈诡秘的刀法,所向无敌。曾有六十七人经行数千里、杀伤千人的荒唐事件。明政府不得已,从总制胡宗宪开始用少林僧兵对抗倭患。第一次奉召少林僧兵百余人,第一场战役是公元1553年的杭州大战,这支僧兵队伍由天真、天池两位禅师领兵,大获全胜。"

"这场战争很出名。"教授点头。

"其实在杭州之战前,杭州政府军将领对少林僧兵的武艺有所怀疑,于是还设计了一次比试。招高僧孤舟赴宴,暗中埋伏下功夫教头八名。孤舟禅师单身而来,八教头从旁跃出,各持棍乱击孤舟。禅师用僧衣的袖子裹住其中一人的棍子,将棍夺下,随后用该棍反击,八人应棍而倒。由于禅师出色的功夫折服了杭州的将领,僧兵团才得以参战。明朝在戚继光上任并练好戚家军之前,南少林僧兵团成了抵抗倭寇的中流砥柱。少林武僧对付日本刀的武器是钢棍!钢棍不仅重,而且钝,钢棍在长度与灵活性方面比日本刀都有优势。"

"哈哈,这下日本人知道厉害了。"教授笑道。

"是啊,日本人受到钢棍的打击后,他们作出了愚蠢的决定:主动寻歼僧兵团!由于僧兵团不带辎重,不设营房,不建工事,又游走不定,住在各地的寺庙和民房里,他们掌握不了僧兵团的动向,无法偷袭,反而每次都暴露行踪被僧兵团反伏击。据少林寺记载:六百僧兵以几十人的微小代价歼敌千余。"

"那么小珠,你还没有回答我的问题,为什么出世抵御强敌的只有禅僧?"教授追问。

"教授,所有修行者里谁最自由潇洒?无拘无束?不依佛像?不惧轮回？不重经典？不拘形式？"

"禅师。"

"对啊，禅者受戒是受无相戒，开戒的条件和其他宗门、教下有差异。比如说南泉禅师斩猫，哪个修门敢有这种行为？"我讲。

"有道理，那你说说为什么禅门经典里没有任何修功夫的内容而成就的禅师基本上个个有功夫呢？"教授还是不甘心。

"教授，没有功夫怎么悟道？怎么保持悟道的心态不退转？憨山大师没有功夫能当国师吗？否则变成嘴皮子功夫或者义理了，定慧不二是修禅的基本，定就是功夫啊！"我认真地再次强调。

"小珠啊，我这次真听明白了，你讲的有道理，回去以后，我必须着重在实修上面，理论方面学得太多容易增长邪见。"教授点头。

"我们这个生命是很短暂的，这个身体又太脆弱，夏天吹个空调会有空调病，风扇吹时间长了肩膀会又酸又疼，我们认识到身体的短暂、脆弱、肮脏，不是说我们要不喜欢它，可以虐待它，是要我们更加了解它后，放下对这个身体的执著。放下身体可不是轻生，轻生也是犯罪，佛法的中道在于一方面观身不净，放下对色性、物质、权利的贪恋；另外一方面，却要你重视色身转化，不受色身的缠缚。所以苦修、虐待身体不是佛法，是外道，有些人虐待身体，还说自己是在修行，苦、脏、乱就是佛法吗？这些都是曲解佛法。曾经有一位僧人，身上非常脏，有很多虱子，没人敢接近他，后来他看这样下去不行，于是当众把身上的虱子们抓出来，放在手掌心里，让它们排成队，这些虱子就乖乖地排起了队，让虱子左转，那些虱子就左转，这才是真正有修行的，那些虱子是他养的，他养虱子是慈悲，而你长虱子是懒惰。"

"小珠,我身上可没虱子!"教授有点急了。

"哈哈,谁说你有虱子了?"我笑眯眯地讲。

"小珠,我认为平常人的生命有三种状态:第一种人的生命是平面,像一张纸,无论放到哪里,自己都无法直立,需要依靠点,这可不仅仅是家庭主妇、小孩子,许多男人也一样,如果没有依靠,他就站不住。靠名的,名倒了他就去跳楼了;靠利的,利没了他就没有意义了;靠感情的,感情不在了,他可以杀人;这样的人生是单薄的,没有厚度。第二种人的生命是立体的,他自己可以站得住,像房子一样,有梁有柱,这一面倒了,还有后面撑着。所以感情受到挫折,还有事业在;事业受到挫折,还有亲情在;如果亲情受到挫折,还有责任在。但这立体的生命也是脆弱的,台风、龙卷风、地震一来,照样会倒下。"

我笑着点头。

"第三种生命是圆形的。圆的东西不会倒,无论台风、龙卷风、地震来临,这生命永远不会倒,它占据的地位非常小,重心只有一点点,所以一根手指就可以顶起来一个篮球,你找到了这个生命的支点,这个重心应该就是禅的当下了。当下的生命就是这个重心,很小的一点,却是全部。所以,无论生也好,老也好,病也好,死也好,圆形的生命是圆满的,没有任何一个人、一件事物可以把圆形的球推倒。"教授说。

"您说得太好了,但禅者的生命连圆形也不是,要圆就圆,要方就方,随缘而行。对于世间生存状态来讲,圆形的生命是圆满,但禅的生命是应机变化的,您说风是什么形状的?水是什么形状的?禅正因为无形、无我、无相,所以可以是生命的一切形状。"我笑着说道。

教授也笑着,他转身看去,遥远的树林已经慢慢接近,满山遍野的绿草、山花、溶洞、木楼,还有漂流在翠竹之隙时有时无的歌声。这里根本没有季节,既有春花,又有落叶,所有的时间和所有的空间都在这里找到归宿。这山、这树、这风、这阳光訇然中开,云青青兮天欲雨,水澹澹兮气生烟。

二

"师父!"

"师叔!"

"教授!我们回来啦!"元冥和东山同时上来,开心地对我说道。说话间,五位已经一阵风一样都爬上了象背了。紫玉去找她师父嘀嘀咕咕地不知道汇报什么,明慧则是累得躺在那里不动。

大象始终没有走到我们想去的地方,好像隔着一层玻璃一样,我竖起耳朵也听不清楚树上的三位圣人在交谈什么。

我看得很清楚,憨山大师坐在树尖上笑呵呵地泡着茶,嗯,他泡茶的方法和我们现代泡茶方式不同。

我看到他面前有个炉子,炉子上熊熊有火,火上有茶壶。这炉子原来飘在空中,仔细看时,发现憨山大师原来并没有坐在树尖,而是在树尖上有一朵白云,如蒲团一样的白云,他就笑呵呵地坐在云上。

归宿

我看见他仔细地将茶碾成细末,置茶盏中,以沸水点冲。我注意到大师的茶末不是在水二沸时投茶煮,而是将茶末适量入盏中,再把煮好的水用汤提点注入盏中,茶末是膏状的,他调一点膏入茶盏,再接着注水,边注边用茶笼击拂快速击打,使茶与水充分交融并使茶盏中出现大量白色茶沫为止。我知道古时茶的优劣,以饽沫出现是否快、水纹露出是否慢来评定。唯有饽沫洁白、水脚晚露而不散者为上。此时茶乳融合,水质浓稠,饮下去盏中胶着不干,称为咬盏。

这样点茶最强调水沸的程度,谓之候汤。候汤最难,需要有很好的耐心,未熟则沫浮,过熟则茶沉,只有掌握好水沸的程序,才能冲点出茶的色、香、味。我看着看着,想起了东坡先生的《试院煎茶》:'蟹眼已过鱼眼生,飕飕欲作松风鸣。蒙茸出磨细珠落,眩转绕瓯飞雪轻。'还真是"分茶何似煎茶好,煎茶不似分茶巧"啊!

我正在入迷地看着憨山大师在沏茶,东山突然拉了拉我的衣服,我回头看他时,只见他在努嘴。我顺着他的方向看去,啊!是三丰道长在打拳!

啊!东山强烈崇拜三丰道长,我仔细看时,见三丰道长大耳朵大眼睛,龟形鹤骨,满脸络腮胡子一根根像钢丝一样坚硬无比,他身穿百衲衣,头上绾了个发髻,在手中拿一方尺,正在跟憨山大师说着什么高兴的事情,一边说着,还一边比划着。

明朝时都说三丰道长是神仙,内力深不可测,登山如履平地,大冬天躺在雪地里安眠。洪武初年(公元1368年)他应该已经120岁了,还能在武当山建道场,1390年,三丰道长避入深山,朝野上下掀起了一个寻找他的热潮。

先是朱元璋派人到武当山寻找,均不得见。有人说三丰道长在山东

煎茶

青州的云门山洞窟,那根本就是传说。到了永乐皇帝朱棣时,派了学士胡广去武当山四处访求。胡广哪里找得到!找了十多年没什么结果。后来,永乐皇帝急了,告诉胡广:要么找到人,要么你去死!于是,胡广回报,见到了张三丰,但真人在太上老君那里赴宴,不能奉召,请多多见谅!这胡说八道的话永乐帝信不信就只有皇帝自己清楚了。

永乐帝虽然没有见到三丰真人,却在武当山大兴土木,建造了八宫、二观、三十六庵堂、七十二岩庙。明朝时多有笔记中称三丰真人正统年间犹在,正统是永乐帝的曾孙、明英宗朱祁镇的年号。甚至到了清朝雍正年间,有个叫汪梦九的人也自称遇到过三丰真人并与其交谈。

不管三丰真人在哪座山里修行,明朝历代皇帝坚信他活着,那么,他究竟活了多久,又有谁知道呢?

东山为什么这么崇拜三丰道长呢?这里面有个缘故,有一次,他和元冥为了五行的问题讨论得不可开交。他所持的观点就是三丰道长在《五德篇》中说的:"仁属木也,肝也;义属金也,肺也;礼属火也,心也;智属水也,肾也;信属土也,脾也。"

东山博士特别赞成三丰道长说:心有五德,身有五经,天地有五行,缺一不可,不仁的人必无养育之念,肝已绝,木因之槁枯;无义的人必无权宜之思,肺已绝,金为之朽钝;无礼的人必无光明之色,真心已绝,火为之衰熄;无智的人必无清澄之意,则肾已绝,水为之干涸;无信的人必无交孚之情,脾已绝,土为之分崩。所以说"德包乎身,身包乎心,身为心用,心以德明,是身即心,是心即身,五德即五经"。

我也是认可这观点的,唯有元冥博士学西医多年,认为这是强词夺理,生搬硬套,她和东山博士争论了好几个月,嘿嘿,最后是元冥投降,她接受了这个极其东方传统的思想：德失经失，德成身成，身成经成。

我知道东山博士崇拜三丰道长还有和皇帝们一样的想法，三丰道长除了长寿，道家性命双修，也就是男女同修的功法是东山想深入了解的。不要认为男女一起就是色，没有男女能有新生命诞生吗？

禅门灵山拈花的公案，佛祖为何独拈花？我认为春天百花齐放，春意融融，人之春情，即为佛性。禅门说淫性即佛性，此语直指禅宗之秘旨，什么意思？如同烦恼即菩提，哪有脱开了烦恼的菩提？禅法以定慧为本，定是慧体，慧为定用，犹如灯光，有灯即有光，灯是光之体，光是灯之显，定慧一体，便为顿悟。

《坛经》云："谁知火宅里，元是法中王。"火宅指的是我们的肉身，元是元精，元精是法中王。佛法里面还有甘露法王，甘露为元精所化，比蜜糖还甜。三丰道长讲："口饮甘露比蜜甜。"

东山博士曾修炼调息运气，他告诉我果然感觉阳物萌动，春心荡漾，越坐好似色情愈重，他曾问我僧人们如何捱日月？我说确实有许多人进山修道，修至紧要关头，也就是身内气机萌发时，按耐不住，下山还俗。我也问过小珠，僧尼们还有情吗？记得小珠笑道：怎么会无情？常人所具备的功能她们都有，只不过不是小儿女的凡情而已。

修行绝不是让人把正常功能修没了，情，是修慧命下手之天机。若无此情，万不能成佛果。我们欲界的人，正因为有情、有此淫性才转到娑婆世界，这是人人具备的正常功能。

佛经中有个故事：佛陀在世的时候，有一个婆罗门带着自己美丽的女儿来到佛陀的精舍。佛陀的弟子见到如此的美色，有赞不绝口的，有贪恋不舍的。那个婆罗门见此情景，就问："佛陀，您看我美丽的女儿，怎么

阴阳

烦恼即菩提

样,美丽吧?"佛陀说:"你的女儿十分的丑陋,我看不到她有什么美丽。"那个婆罗门听到佛陀这样说,非常气愤,他还没讲话,一旁的阿难站起来问,"佛陀,这个姑娘如此美丽,您为什么说她丑陋呢?"佛陀微笑着说:"美好,是指一个人眼不贪色,耳不贪声,鼻不贪香,舌不贪味,身不贪细滑,这才是内心美好庄严。世间的脂粉佳人,身内身外,昼夜九孔恶浊流淌不已,有什么美好呢?唯有六根清净智慧的人,才能令远近芬芳,这才是真美好。"你看,佛能见实相,自当断淫念。佛陀所讲是正念,然生理机能和正念,屡屡相悖,跟着淫念走,就堕入情欲狂潮,如何在烦恼中生菩提?就是禅者的修为功夫了。

有一次东山偶然看到明朝《慧命经》,书中云:"淫根一萌,以心凝而宰之,以呼吸而吹之,不要一刻工夫,淫根自缩,意怎自合,心静身爽,果自暗笑矣。"哈哈,这话说得好,用佛的大智慧转化淫念,保有生机,凝神丹田,还精补脑,"收来放在丹炉内,炼得金乌一样红"。

达摩祖师怎么说?我记得《易筋经·内壮论》讲:"内壮言坚,外壮言勇。坚而能勇是真勇也。勇而能坚是真坚也。坚坚勇勇,勇勇坚坚,乃成万劫不化之身,方是金刚之体。"

此时我方才真正理解了惠能祖师的话,学士沉醉于名相,皓首穷经,年老发白,反起虚无之叹。三丰道长讲三教皆修一性圆明。一性为何会圆明?精之补足之时,印堂发光犹如明月,融入虚空之境。所以他老人家讲"仙是佛,佛是仙,一性圆明不二般,三教原来是一家,饥则吃饭困则眠"。哈哈,饥来吃饭困来眠,他也喜欢大珠的"饥来吃饭困来眠"!

"假烧香,拜参禅,岂知大道在目前,昏迷吃斋错过了,一失人身万劫难,愚迷妄想西方路,瞎汉夜走入深山。"嗯,三丰道长说得好。

我和东山曾经讨论和研究了好久修禅和修道之间的关系，也争论了好久关于有情无情、有欲无欲的问题。最后我们想清楚了，要守中。怎么守中？我们学习的是达摩祖师的《易筋经》，守中的关键在积气。要专注于眼、耳、鼻、舌、身、意。那修法是解衣仰卧，手掌放在胸腹之间，这个地方是"中"，乃存气之地，应须守之。守中之法，要眼含光，耳凝韵，鼻匀息，口缄气，身逸劳，意锁驰，四肢不动，一念冥心，存想中道，后渐至如一不动，名曰"守"。

人身之中，精神气血悉听于意，意行则行，意止则止。守中之时，意随掌下，集中在胸腹之间。若驰意于外，所凝积精气于神，随即走散于外，即成外壮，而非内壮。我们两人修炼一段时间守中法后，果然精气内敛，东山博士以前睡眠不好，此后倒头便睡，精力充沛。

其实我很想请教小珠"采精华法"，太阳有精，月亮有华，二气交融，化生万物。古人善采玉液者，久久皆仙。这玉液是唾液，其法秘密，就算有人指点，若无坚志、无恒心，也不行。若简单信心无间断，可取阴阳精华，益神智、凝滞消、清灵长、病不生。只是这如何采是有讲究的，方法不对、时辰不对反而有害无益。

小珠曾和我多次讨论过道家和禅门修法的区别，关键在于"空不空""着不着相"上面。有时候行功有些基础的修者，色身所起的变化或有可能会引发心境的转变，此时，如果心随境转，加上自己的胡乱猜测与幻想，自以为是，就容易误入歧途了。这也就是修者不成就的主要原因，阳气发起时，要注意转化掉它所附带引起的欲念，境界出现时，不论好坏，就应一概不去理会，色性在意念上空掉，此时烦恼即菩提，淫性即佛性，把持"魔来魔斩，佛来佛斩"的原则，当不至于出差错了。

慧命

想起小珠反复强调,达摩祖师《洗髓经》上第一篇"无始钟气篇"中最关键的话是:"生处伏杀机,杀中有生意。"顿悟之法,走的不是寻常路,关键就是在这"杀中有生意"上,渐修法看起来比较安全,就像我们学校里评职称一样,一步步走过来,小珠告诉我顿悟是先杀人。杀了过去的那个自己,许多祖师们发大愿,一坐不起,佛陀不也是这样吗?不悟道绝不起来。中间经历多少死去活来?只有自己明白。

惠能大师说:"我此法门,乃接引上上根人。"上等根器还不算,要上上根器,最上等智慧的人。言下顿悟,一句话就顿悟了。

我问小珠一步步来不好吗?她说了一句话,让我一惊:渐修确实安全!也容易被人理解和接受,但渐修之人难以成就的矛盾在于放不下!放不下什么?放不下法执!

一切修法都是桥梁,目的是过河,顿悟一念成佛,悟了再实证,证悟互补。渐修的人容易执著在修法,成就的关键在于上了一级台阶必须放下原来的修法,可是绝大多数人舍不得放下。放下修法有时比放下娇妻美妾还痛苦,什么都要带着上山,背着个大包袱越走越累。

我正在琢磨着,突然听到他们几个在说话。

"禅定无法用言语表达,这是生命的直接体验,我也无法传授。若有人说他在修禅定,这个人修禅还不算入门。"是水月在说话。

"外离诸相是为禅,内心不乱是为定。攻其一点不及其余是为专注。你看恋爱的人,牵着恋人手游山玩水,青山、绿水、白云、红日、碧草、黄花全都视之不见,眼中只有恋人,那个时候,就是专注。"明慧也在讲话。

"禅定是把人分裂的部分重新变成一体。当你说你的身和心所思所行不同步,这表示你已经分裂了。禅定是归于一体,如果闭上眼睛且保

祖师

持安静就是禅定,那么每天睡觉是不是禅定?为什么那个不叫禅定?睡觉也是安静的,所以禅定没那么简单,我们禅修入门时,老是以为安定就是禅定,我们尚未克服我们的六根时,谈不上禅定。"这次是紫玉在讲。

"禅定的人超越了时间,很多人入定后不知道时间是什么。我们大脑知道'瞬间'这个时间概念,可是我们的心没有'瞬间'这个时间概念,或许每个'瞬间'对于禅定的人来说,有一万年那么长,不会跟着事物的变动走,那就是禅定。你看火车的轨道,两条平行的轨道,假设一条轨道是有思之流,另一条是无思之流,我们人的内心也有并行的有思之流和无思之流,心就在这两条轨道上奔跑着。禅者知道如何维持两条轨道平衡,并且保持自觉的无思,而非有意驾驭意念,这时你活在当下。"水月禅师继续在说。

"师父曾说不管你专注在什么东西上,只要你不被它抓住,你就在禅定。禅定好比一个没有目标的旅行。不要去设想目的地,修禅并不是为了什么结果,而是因为你需要。"紫玉说道。

"当一个老太太过来,我们不能告诉她真相,只说:'你吃素、不杀生,就不会下地狱。'但如果一个禅者也相信这是真正的佛法,那就有问题了,禅者要知道实情、实相,才是重点。在佛教历史里,有一百年的时间没有佛像,然后出现象征性的三法座,然后出现佛像,然后才再出现寺院等等。修禅是要告诉我们,现在经历的每一件事都是幻相而已。"水月禅师接着说。

"为什么我们中国人已经失去了传统文化?很少人知道禅是什么?道是什么?佛法是什么?说起禅修就以为是念经、拜佛!相反地,你看越来越多的西方人开始对禅修有兴趣?"明慧反问道,

"因为西方人神经高度紧张,他们的任何运动都只能控制肌肉,而不能控制神经和意念,所以压力无法排除。现在瑜伽在西方盛行,主要是来对治神经问题。西方人一切是断裂的思维方式,工作是压力,生活是压力,吃饭也是压力!禅定不仅可以放松神经,心入定境时,藉着观想,意识与禅定的对象融合。从此发生身心不可思议的变化。"元冥博士说道。

"对,进入禅定从学习专注开始,修练是每天必做的功课,每天工作四个小时,和工作十二个小时的人,拿到酬劳肯定不同,只有积极进取,才可能会加薪。"东山博士点头讲道。

他们怎么在讨论这个问题?我转身看去,哦,原来憨山大师和三丰道长、王阳明已经没再喝茶了,三人都在闭目入定。

哦,这个"无善无恶心之体,有善有恶意之动。知善知恶是良知,为善去恶是格物"的王阳明,这个"心外无物"的王阳明!这个将禅法融合到儒家而开创阳明心学的王阳明!

"江西大余有座灵岩寺,乃是一座名刹,一直香火鼎盛。一次,王阳明途径此地去拜谒。"小珠突然缓缓地开口说话。

"他在寺中各处游历了一番,发现有个房门是锁着的,于是好奇地问和尚,这里边是什么?和尚说,这是一位祖师的房间,祖师圆寂前吩咐过,除非等到他自己回来,不然谁也不能打开。王阳明非要进门看看,和尚无奈,只好把钥匙给了他,让他打开了门。你们猜,里面是什么?"小珠笑眯眯地问大家。

"师父,您快说。"紫玉显然急了。

"他开了锁,推门进去。昏黄的夕照里,只见一位圆寂的老僧端坐在蒲团上,他越看越稀奇,怎么和自己长得一模一样?再环顾房中事物,见

六根

书案上有几本落满灰尘的书,轻轻走过去,拿起来掸去灰尘,再抬头,突然发现墙上留有一首偈语,赫然写着:'五十七年王守仁,启吾钥,拂吾尘,问君欲识前程事,开门即是闭门人。'"

"啊!那是他自己吗?"紫玉大叫一声。

"此刻阳明先生心中大惊,儿时的梦、格竹致知、龙场悟道、宸濠之乱……几十年的人生如同闪现在眼前,前世今生,世间繁华,不过过眼云烟。何为参禅修道的第一等疑事?此刻方才解开。嘉靖七年十一月二十九日(公元1529年1月1日),阳明先生在南安去世。当时陪在身边的学生,哭着问他有何遗言?他笑道:此心光明,亦复何言?"

开门即是闭门人?

往事不可知,不可知啊!

圓寂

生

一

师父,怎么您们都在缩小?我不会在做梦吧?"紫玉拉着我的手急着问。

"师父,您掐掐我,看疼不?"她还边问边摇我,这孩子。

"紫玉,你傻啊?咱们在一起缩,你以为你特殊啊?"明慧推开她的手,"你别跟师父捣乱。"

"明慧,这不对啊,怎么还在缩?你看那只狗都比我们大了。"四周仿佛只有紫玉惊恐和颤抖的声音在回响。

对面熟睡中的宇文教授、元冥、东山陆续醒过来。

而这三位根本没反应。寂然童子枕着水月禅师腿呼呼大睡,水月禅师一直在闭目静坐,童子的口水把禅师裤子打湿一片,估计梦里在吃玉米棒子吧?

昨天我们在森林中穿梭了许久,一次次地穿越四季,从春走到冬,再从冬走到春,这群人开始极其兴奋地讨论,时空啊、隧道啊、黑洞、白洞、虫洞,我看应该是"心洞"。不久说累了,当浮鱼老禅师箫声响起,大家慢慢睡着了,他们都快把禅师的箫声变成部队的熄灯号了。

我没睡,坐着体会穿越不同时空中的不同气场、身心于此的微妙变化,我们的环境中存在不同的气场反应,平时气息的变化可以用"纤毫"来形容,非心中极静时感受不到。禅者唯有和身边内外环境中的气场感应,才能"开心",心开了,天地的能量可以自由进出,无碍身心。

我知道老禅师是用箫音在和六牙大象对话,大象的鼻子欢快地随着

讨论

箫音上下卷动。我发现,当我的心在澄明之境时,箫音纤细清远,而当心中思虑万千时,箫音就变得刺耳清亮。禅师啊,您用心良苦。

"师父,咱们、咱们怎么变得跟小老鼠一样了?昨天咱们比大树还高,怎么现在变得这么小?"紫玉还在大叫。

"紫玉,你别闹了,你现在无论怎么叫,发出的声音和老鼠也差不多。咱们不光身体在缩小,声音也跟着一样会缩的。啊,你快看,那边有人走过来了。"明慧比较冷静。

教授、元冥、东山三位从头到尾一句话没说,他们在仔细地观察中,我想他们内心一定也是惊恐的。

水月禅师被紫玉吵得睁开眼,他看到我们九个人变得像九个米粒一般大小,禅师微微一笑。

"明慧,咱们这是去哪?咦,真奇怪,人都像大象一样高大,真有意思!你看这街上有这么多人,有员外,有骑马的官吏,有做生意叫卖的小贩,还有身负背篓的行脚僧人,嗯,还有西域人,我怎么几乎看不到女人?难道唐僧西游到了女人国,咱们这是到了男人国?这是哪里?现在是什么时候啊?"紫玉忍不住问道。

明慧听着紫玉这么说,也注意到大街上确实如紫玉所说,少见女人的身影,但也偶见夫妇一起带着孩子上街的,哪里是什么男人国?

街上很热闹,我们先看到菜市里人头涌动,接着看到说书的游艺场,应该叫"瓦肆",有数百人在听书,讲的是不是脍炙人口的评书呢?嘿嘿,不清楚。

接着我们看到一条中心街道,街宽近两百步,路两边商铺沿街开门做买卖,每隔二三百步有一个军巡铺,这是巡警吧?

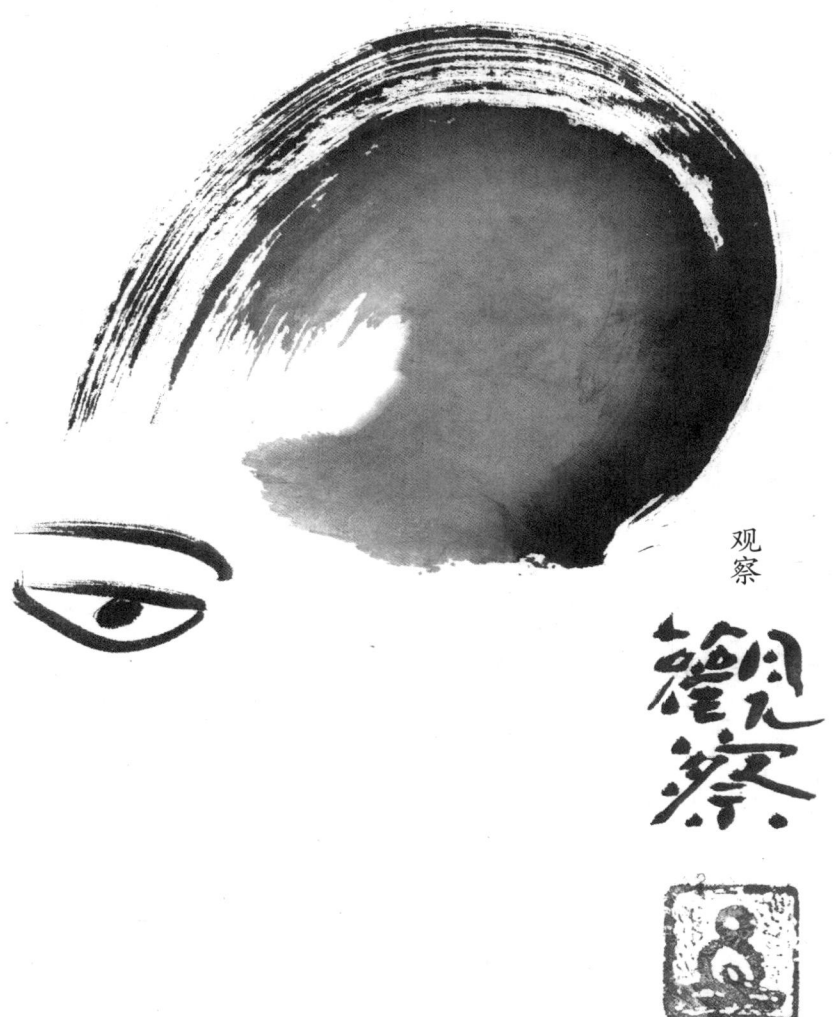

观察

明慧突然反应过来……"宋朝！"

"这里是汴京城！"还没等明慧说完，东山就已经抢先说了。

"紫玉，这不是男人国，是汴京啊！咱们走的这条大道是御街。街上不见女人有两个主要原因，宋朝不少女性热爱学习，你看宋朝出了多少才女？文有苏小妹，武有穆桂英，还有鲁国夫人、李清照，个个都不得了。另外李后主李煜琢磨出了女人裹小脚才娇弱动人，至宋时已开始普及到民间，女孩从四五岁就缠足，缠了足还怎么上街？"东山笑眯眯地对着紫玉说。

"不是说女子无才便是德吗？怎么宋朝还鼓励女人学习？"紫玉不解地问。

"紫玉你误解了这句'女子无才便是德'的含义。"宇文教授笑着说。

"现在女人对这句话恨得牙痒，以为这句话是男人对女子的约束，这理解太有失偏颇了，这句话有两句，'男子有德便是才，女子无才便是德'，第一句是说男人的修养、社会行为以德行为主，以才为辅。为什么男人以德行为主？因为男人在社会上行走，如果缺乏了德行就会以利益、权力为主，可能做出违背人性的事，光有才干而缺乏德行不行，需德为主、才为辅，重道而轻术。那'女子无才便是德'讲什么呢？依然是在说德，不是女人不能有才干。现代人不理解什么是'无才'的'无'字。'无'不是没有，是'本有而无之'。本来有才，但心里自视若无的意思。就像'无物'不是真的没有万物，而是内心不起一点罣碍；'无我'不是我不存在，而是对于自我得失无挂于心；'无念'也不是真的没有念头，而是没有妄想。女子如果可以做到：虽然有才但不自炫，自视若无，这是非常高尚的女德。哪里有歧视的意思？"教授诚恳地说。

"啊？哦,我们学的都是什么古文啊？我们不理解这些古文,还深受其害,因为这些文字障碍而误会了老祖宗的苦心。"紫玉的脸有些红。

"女德是心胸宽广、释然宁静,空方能盛,静必能饱,如是为妙,女少即为'妙',少欲、少言、少争、少吃、少闹……这些德性不仅是女子需要的,阳刚的男人更需要。"教授笑道。

"教授教育得极是,对了,咱们这小老鼠是要去哪？东山博士,怎么咱们睡了一觉,就到了宋朝、元朝呢？在梦中错过了？实在太可惜了!"紫玉认真地说。

"紫玉,你以为你睡着后经过的地方、经历过的事情真的就不知道吗？我认为不一定,我们心中是有本觉的,这些叫本觉、本性,如来藏的种子在心中,平时不见,等到你能够和内心对话时就可以看到它们。"水月禅师对着紫玉细声说道。

"什么是本觉？"元冥听不懂了,转头问东山。

"据我所知,本觉并不神秘,从医学方面观察我们的日常心理活动,不难发现一切活动都有一个基础,没有这个基础,一切都不复存在。水月禅师说睡着了的时候有本觉,比方说你熟睡时有人在你旁边不停重复一句话,你可能并没有记得这句话,但以后听到这句话时会感觉熟悉,这应该也属于本觉的力量。否则你就成了石头,人尽管睡着了,但你心中还有本觉没有睡,时刻在发生作用。"东山眼睛看着水月禅师,小心地回答着元冥。

"那我明白了,就如生病一样,身体病着,但有个'不病者'在,对不对？烦恼的时候,有一个'不烦恼者'在;困倦的时候,昏沉时,有一个'不昏沉者',这些是我们的本觉吧？"元冥问道。

"我认为是的,本觉好像离我们很遥远,其实比我们想象的要近得多了。它如同我们的睫毛,一直在那里,但我们的眼睛不注意它。生活中只要你愿意,可以随时随地体验到本觉的妙用、找到本觉。禅师,我说得对吗?"东山问道。

"您们讲得都很好,禅者在梦中是否有知觉,是否能修行,也是检验修行境界的一大标准。静中功夫十分,动中只有一分;动中功夫十分,梦中只有一分;梦中功夫有十分,生死临头只剩下一分。"水月笑。

"梦是窥视自己最深层意识的窗口,醒时难以觉察的内心意识,会在梦中浮现,通过梦境,可以检验修者净化自心、控制自心的程度及修行的阶位,发现隐藏的症结。修者睡眠中有无梦、梦境如何,是鉴别烦恼多少、修行进度、是否入定和悟道的标准。《善见毗婆沙律》说,处于欲界的凡夫众生和阿罗汉、圣者,都会做梦,只有色界、无色界众生和佛没有梦,睡眠时与觉醒时无异。"我补充道。

"是,睡觉时的睡姿、出入息、情绪、过往的经历、压抑、压力、理想以及身边所处的环境等,都可以是梦的成因。修者因放松身心或清楚觉照也会出现清明梦。清明梦显现时,梦境中的身心可以自主自控。"水月说。

"禅师,您的意思是说,我们昨天经过元朝,这些记忆会印在大脑深层意识里?"紫玉问道。

"紫玉,'螳螂捕蝉,黄雀在后'理解吧?执著的心障蔽我们的本性,如云挡日。你看螳螂一心想吃掉蝉,所以它的眼里只有蝉,根本不知道身后还有黄雀。而黄雀以为它隐蔽在螳螂身后,这和螳螂一样犯了致命的眼光局限错误,只有眼前这点利益,忘了身后树下会藏着致命危险

生 | 243

显现

——猎人正在瞄准！而猎人就安全吗？猎人身后、头顶又有什么危险呢？被欲望牵引的众生，眼中只有前面那一丁点利益，都像螳螂、黄雀、猎人一样，心执著于某一个对象，而忽视本质。如果人是清醒的，会对自己和整体环境一清二楚，这种清醒不可说，如人饮水冷暖自知，有一天你修禅修到梦中做得主，入定时做得主时就知道了这种清醒是什么感受了。我现在只是告诉你不用担心错过了，一切经历的都在，凡人习惯心外逐物，而内在的觉知，无论白天黑夜都处在睡眠状态。"禅师说。

"有道理！哎呀，我昨晚就做了一个梦，到现在还很清晰：梦到了我多年未见的哥哥和其他韩国僧人一起，组成了禅茶文化代表团来北京找我去杭州，你们看，这里不就在杭州吗？"东山猛然想起，兴奋地说道。

"快说下去！"元冥很感兴趣。

"我记得我们在一个像狮子口一样的悬崖边，茶祭一位禅师。"东山思考着。

"东山博士，您们参拜的是元代高峰原妙禅师。他于浙江西天目山闭关十五年，后来他的弟子元朝国师中峰明本禅师是高丽王子王璋的师父。"水月禅师说道。

"对对对！我也想起了，历史上高峰禅师是公元1279年入天目山狮子岩结庐，筑如舟小室，名'死关'，他把自己关进'死关'断除万缘，人称尚峰古佛。"东山如梦初醒。

"高峰禅法，常以茶作示众法语，《高峰禅要》中讲修禅应'与初生无异，吃茶不知茶，吃饭不知饭，行不知行'。'吃饭不知饭味，吃茶不知茶味，如痴如呆，东西不辨'。高丽僧众尊此为参禅之要旨。

"正因高峰禅师的教化，吴越禅风大盛，西天目山一跃而成为中兴临济宗的东土砥柱。1319年,自号'海印居士'的高丽王子王璋奉御香入山参拜中峰禅师,中峰赐他法名'胜光',字'真际',并著《真际说》于他:'如是,则真际与万法会同,万法与真际交彻。在迷则真际是万法,唯悟则万法是真际。迷悟俱遣,得失两融,真不立而真存,际不形而际遍矣。'王璋读后建真际亭于西天目山狮子岩下,将《真际说》刻碑立于亭上。他归高丽时,中峰明本禅师送他'人生犹如幻中幻,尘世相逢谁是谁?父母未生谁是我,一息不来我是谁?'一偈,他拜受回国。"水月禅师继续说道。

"怪不得,我梦中的山峰晨雾未散,山岩秀丽,岩首崭然昂起,形似狮首,原来名字就叫'狮子岩'啊!我还梦到岩中有一凹陷处酷似狮子口,可在此汲山泉,烹茶水,众人面朝山脉,奉茶行礼。"东山讲道。

"我认为你不是做梦,是昨天真的去了那里!"紫玉突然认真起来。

"有可能。"东山点头笑道。

"你们讲的高峰禅师,是个挺有意思的禅师。"我也笑着说。

"师父,您快说说。"紫玉急切地说。

"高峰原妙禅师生于公元1238年,受法临济宗杨岐派,他是苏州吴江人,悟道经历很有趣,他18岁开始修天台止观禅。1279年,元兵入侵天下大乱,他登天目西峰入张公洞,闭死关十五年。"

"真够长的。"紫玉叹道。

"他22岁时拜断桥妙伦禅师为师,学参'生从何来死向何去'之话头,以至于胁不至席,口体俱忘,但这么精进修禅却没开悟。后来,他又找到住在北涧塔的雪岩祖钦禅师,谁知一见面,祖钦禅师便用禅杖将原妙禅师打出方丈室,闭门不出不理会他。如此再三,原妙禅师方才可以入室请益。后来,每次入室请益,祖钦禅师便问:拖个死尸来来去去的是谁?

高峰古佛

可是原妙禅师还没开口回答,祖钦禅师便一禅杖打过来,如是这般,往来不断。"我笑着说。

"师父,您真好!从来没这么凶!"紫玉乐着。

"我要是这么打你们,估计早跑了!"我也乐。

"紫玉别打岔,请师父继续说。"明慧瞪了她一眼。

"后来,有一天晚上,原妙禅师梦中忆起'万法归一,一归何处'之话头,疑情大发,精进参究。一日他随众诵经,抬头看见五祖的画像上写着'百年三万六千朝,反复原来是这汉',此时他蓦然间打破'拖着死尸来来去去的是谁'这一疑情,当时,他25岁。于是他赶紧拜见祖钦禅师答疑。祖钦禅师一见他,还是老问题:'拖个死尸来来去去的是谁?'原妙禅师立即大喝一声,祖钦禅师拈禅杖要打,原妙禅师接住拄杖说:'今日打不得。'问:'为什么今日打不得?'原妙禅师也不回答,拂袖而出。第二天,祖钦禅师见了原妙禅师,便问:'万法归一,一归何处?'原妙禅师道:'如狗舔热油铛,想要没得要,想舍舍不得。'祖钦禅师于是点头走开。从此以后,师徒二人机锋竞辩,原妙禅师不让于师。"我笑眯眯地说。

"什么是参话头?"元冥不太理解地问东山。

"参话头是修禅的一种修法,是宋朝大慧宗杲禅师创始的临济禅禅风,但具体怎么参我不太清楚,咱们继续听小珠师父讲。"东山说道。

"一日,祖钦禅师问原妙禅师:'你白天纷纷扰扰时自己作得主么?'原妙禅师道:'作得主。'又问:'梦中呢?'原妙禅师道:'作得主。'再问:'睡着时,无梦无想,无见无闻,主在何处?'原妙禅师默然无语。祖钦禅师于是道:'从今天开始,不许你学佛学法,也不要你穷古论今,但只饥来吃饭,困来眠!'原妙禅师于是谨遵师命修生活禅,这样过了五年。"

"这师父真厉害。"元冥道。

"一天晚上睡觉时,同修将枕头掉到地上,'咚'的一声,原妙禅师豁然悟道。悟道几年后,元军南下,为避兵乱,原妙禅师遁于西天目狮子岩,此岩壁立千仞,禅师于中找到一洞室,进退丈余,名曰'死关'。他以破瓮为铛,日中一食,要进入他隐修的洞室,必须借助梯子,一般人根本找不到,弟子们也极其难得才可以见他一面。禅师设六问在洞室外,以验来者禅境:一、大修行人本脱生死,为何命根不断?二、公案讲的道理,为什么有明有不明?三、大修行人怎么算守戒和开戒?四、杲日当空应无所不照,为什么片云可以遮阳?五、人人有个寸步不离的影子,为什么踏不着?六、大地是火坑,得怎样的'三昧'才可以不被火烧?"

"哎呀,能回答出这六问的都已经是大禅师了。"元冥惊讶道

"对啊,来参者对此六问倘若答问不契,原妙禅师就在洞中不出。因此,虽慕名而来者众,一见此六问,莫不望崖而退。"我点头。

"咱们去了也白去。"明慧看着紫玉苦笑。

"公元1295年十二月三十日,原妙禅师升座辞众要灭寂,说:'西峰三十年,妄谈般若,罪犯弥天,末后有一句子,不敢累及诸人,自领去也。你们有知道我说的是什么吗?'说到这里,沉默良久,看众弟子翘首以望,禅师慎重说:'毫厘有差,天地悬隔。'"我长叹一声。

"师父,这不是三祖《信心铭》中的句子吗?"紫玉说。

"禅师发现许多弟子们的认知和他讲的法天地悬隔,禅之境毫厘有差,便天地悬隔,这是自作聪明闹的。你看我笨,我就不参话头,什么时候师父让我参时再参,师父讲参禅须是起疑情,大疑大悟,小疑小悟,不疑不悟。我基本没疑心,所以就别乱参了,可能禅师的有些弟子和现在

禅风

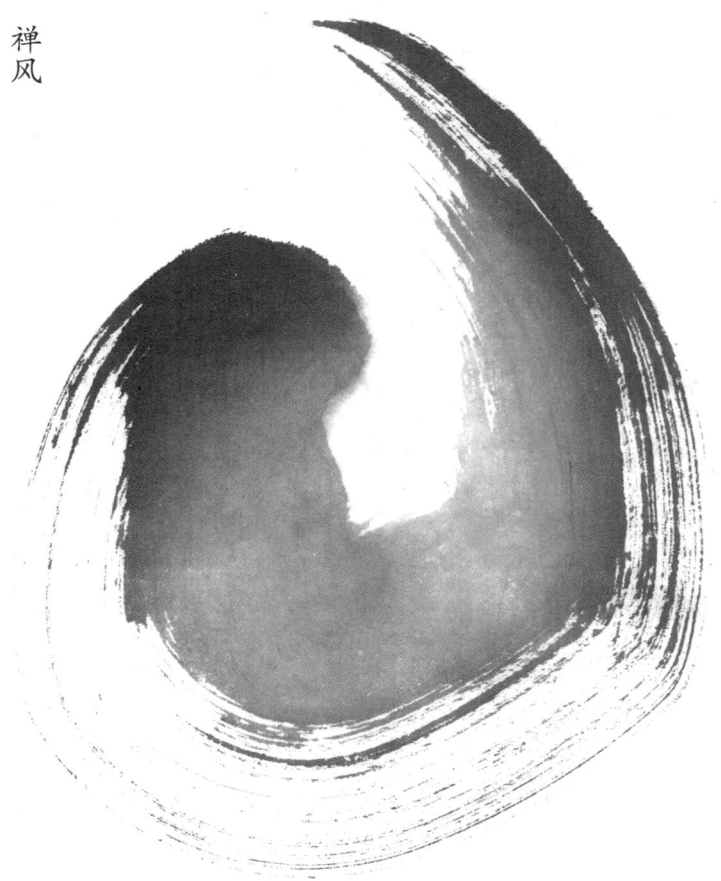

的一些人一样,以为不倒单、光打坐不睡觉就是禅法了。尤其从元明开始,各种怪花样修禅多得很,一天到晚打坐、参话头、用文字功夫,人搞得昏头昏脑的,要不然就是散乱、烦恼得很,参的什么禅?烦恼禅。"明慧说道。

"你们看,我们到了哪里?"宇文教授突然大声道。

二

他们一直在抱怨我们怎么变得像老鼠一样小,我为什么不感觉是我们变小了?

我的感觉是天地开阔了!周围的人、景变大了!我突然理解了大象为什么要缩小自己,因为我们这群人普遍都认为自己很高大。

记得刚入门时,师父赐我法名:水月。告诉我禅门有两大宗旨:一为"何期自性本自清净,何期自性本不生灭,何期自性本自具足,何期自性本无动摇,何期自性能生万法",这是以明心见性为纲要的顿悟心法;二为"无念为宗,无相为体,无住为本",这是以定慧等持为基础的修行方法,我们的整个禅法都是围绕这两大宗旨展开的。

禅者本该自在无碍,如雁过长空,不留痕迹,"竹密不妨流水过,山高岂碍白云飞",就是这种无相、无住、无我的妙用。我们灵动自在的本性,一心万用、一心万应,它是无为的,不受六根、六尘、六识的制约,并且由灵心带动,在这些根、尘、识之间灵活互用。禅门中称之为"通身是眼,通身是手",如《楞严经》中讲,"十方俱击鼓,十处一时闻"。

为什么到了变成老鼠这样微小时,我才体会到以往的无力是源于心碍。记念起清凉文益禅师一日随众挖井,发现水井被沙塞住了泉眼。清凉禅师遂问旁僧:"泉眼不通被沙碍,道眼不通被什么碍?"僧人们不知道怎么答,清凉禅师说:"被眼碍。"

好一句"被眼碍!"我一直以为自己修行多年,看不起凡夫众生的愚痴无明,其实我哪里就不是愚痴无明了?我和凡夫无二差别,脱不开虚骄和自负、自卑和自轻,这实则是未觉悟前所有人心中一体的两面。

虚骄自负的时候,我们的心便像螳螂向车子伸臂,自认为有实力,谁也不放在眼里,不断用各种方式来炫耀、证明自己,以此满足。

我们人的所知所能非常有限,每个人的身心都很脆弱及有缺陷。对宇宙而言,人是那么地渺小,对社会而言,个人也微乎其微。喜欢炫耀的人,忽视自己的渺小,结果一旦受到挫折便转成自卑自轻。炫耀正因为心中自卑,而恰恰没有什么实在可以证明的,于是很快又陷入自卑,如此反复,哪能解脱?

我们内心中的人性与佛性、神性与魔性很难分辨。神性与魔性也是一体的两面,慈悲的人心中就没有魔性了吗?只是没有显现而已,什么时候能修到具足自我约束、自我反省及忏悔的修养,能自信、自律、自强、自觉,便与佛性相应了。

252 | 生

清浄

我们人，可悲的地方在于，享受幸福需要一个实体来承担。这个实体本该是不生不死的本性，但是由于我们找不到这个本性，就只有沉迷于有形、有相、有感觉的肉体。但肉体中的心理、生理活动是不断生灭的，这变化是一个不断新陈代谢的生物活动，所以自然是没有一个实实在在的、从生下来就不变的实体来让我们真正感到安全。

我们通过各种努力、各种拼搏获得了财富和地位，可是财富、房产、名利是实体吗？修行人修到的神通、功夫是实体吗？一觉醒来发现这些根本是虚幻的，然而虚幻的是不是就不需要认真对待？如果不觉醒，无论怎么努力都找不到承受幸福的主体，生命只有短短几十年，什么也不是凡人可以控制的，这些一想起就感到多么可悲和无奈。

有多少事业成功的企业家，长期亚健康，他们天天能够发号施令指挥大批的员工，却无法指挥自己。身体控制不了，意外控制不了，情绪、意识都控制不了怎么办？我以前总感觉他们问题严重，其实我的问题比他们还严重，以为自己在修行，可以控制自己，结果看到紫玉后情不自禁，煎熬的心和他们有什么区别？

这最庞大的大象今天变成了最微不足道的老鼠，这变化多好啊？用鼠目看世界，发现什么都比自己大，对人、对物心存敬畏。我常念"无住"二字，现在发现无住可不是不拘于住地，安居在自己的肉身里，误以为自己跟佛祖一样伟大，这般的妄想叫什么"无住"？

我正琢磨间，突然听到宇文教授大声说话："你们看，我们到了哪里？"

啊？我们怎么来到了监狱？

阴森森的监门内有一照壁，通道只有一面，可能为了防止犯人逃跑。一入监门，看到一条约一米多宽的胡同。两边是低矮的木制监房，胡同的尽头是地牢,地下有数丈深,有大石板盖住出口。重要的人犯就关在地下,潮湿肮脏,老鼠蚁虫遍地,臭不可闻。

我们正惊讶得不知所措,只见狱卒押着一位僧人带着枷锁从狱中出来,我们就跟在他们的身后,此人为何如此面善?我正思索着,明慧已经叫起来了。

"这不是大慧禅师吗?"

哦!是的是的,确实是大慧宗杲禅师!

那么此时我们应在南宋天牢,要知当时朝廷士大夫中,不少人与大慧禅师关系甚密,执弟子礼,没想到禅师会在狱中。

唉,禅师入狱是因礼部侍郎张九成之故啊,禅师曾作偈:"神臂弓一发,透过于重甲,衲僧门下看,当甚臭皮袜!"他支持岳飞、韩世忠、张俊三位将军抗击金兵,是典型的主战派。绍兴十一年也就是公元1141年五月,丞相秦桧以谤讪朝廷罪将他下狱。

经弟子们多方努力,禅师终于免除死罪,但被革除僧籍,流放长达十六年。直到绍兴二十六年,秦桧死,大慧禅师才恢复僧籍,应诏住持宁波阿育王山广利禅院。

大慧禅师是话头禅的开创者。中国禅到了南宋时期,许多禅者在语言文字里做活计,玩弄心识文字,不肯在心性上下功夫,这种浮夸的禅风叫"葛藤""文字禅"。

此前曹洞宗宏智禅师提出来"默照禅"修法,所谓默照就是忘情默照、休去歇去注重禅定,反对在文字中、思维里去推敲禅心,但有些见地不到位的修者又误认为空就是开悟,这些没领悟"默照"含义的人得了"枯木禅"病。

大慧禅师曾激烈批评过"默照禅"法,他说:"近年以来,有邪师说默照

胡同

禅,教人十二时中事事莫管,休去歇去,不得做声,恐落今时,往往士大夫为聪明利根所使者,多是厌恶闹处,乍被邪师辈指令静坐,却见省力,便以为是,更不求妙悟,只以默然为极则。"只会使人增加心头的迷雾,虚生浪死,无有了期,永远不得解脱。默照禅虽源自菩提达摩的"外息诸缘、内心无喘",但"外息诸缘,内心无喘,可以入道,是方便门;借方便门以入道则可,守方便而不舍则为病"。

  大慧禅师想用参话头的修法来扭转这些弊端,把禅者复杂的思维堵死。修者自己不察觉容易堕入"我见",被这个习气驱使,很容易形成邪见。禅师说:"今时,士大夫学道,多是半进半退,于世事上不如意,则火急参禅,忽然世事遂意,则便罢参,无决定信故也。"这话到今天也适用,说白了还是心存侥幸,生死心不切,看不破,放不下。他认为用功夫上要从念头上做活计,也就是常说的"牧牛",要看住这个相续的念头,管它是善的还是恶的,是美的还是丑的,你只看住他,来了随他来,去了随他去,不要去压制。很多禅者说妄念来了我拿经文去压他,当你去压妄念时,妄念早就跑了,而且徒然升起一个压制妄念的念头。

  禅者真正用功的时候执著经典也是病。比如药山祖师就不许学人看经典。为什么有的祖师又要弟子学习经论呢?那些惯用大脑的人,不妨叫他放下经典。有些不明白怎么修行、不明白用功的人,不爱读书和思考的,还是需要他多读经典,正见地。

  元冥刚才问什么是"话头"?"话头"是寻找本来面目的工具,参话头是搞清楚生命的本来面目是什么的修法之一。

  我的机缘很特别,一入门师父让我跟随清潭师兄修炼这老辣孤峻、横扫千军的临济看话禅。清潭师兄入门后十年如一日,一直在参的题目是

"狗子有无佛性"。

记得那时候我已经学会了数息和坐禅,冬天时师父让我跟着师兄过冬安居,带我学参话头。师兄见面就告诉我:大慧禅师曾举竹篦问弟子,"这个东西如果唤作竹篦则着了外相,如果不唤作竹篦则违背世间常理。那怎么唤?不得乱语,不得无语,快说!快说!"他让我先参这个"竹篦"的话头。

那一年特别寒冷,过了一个多月几位师兄都不舒服,仅剩下师兄和我,但师兄不以为然,坚持带着我把安居过完。

我严格按照师兄的指导如何参,很快便基本掌握了参话头的要领,明白了疑情怎么起、怎么落,怎么防止把"参话头"变成"念话头"。没过多久,我就越来越体会到话头禅的威猛凌厉。

人起了意识的时候,习惯用语言来表达,但是在用语言表达前,思维初动之时,意识从哪里来,又到哪里去?

这是一个大问题。要找这个意识本身的开端,便是"话头"了,而"参"是揣摩、体会、观察、观照、静虑等等的综合作用。

别以为参话头简单!师兄一再告诫我参话头用功需"生处自熟,熟处自生"。

什么是生处?就是我不熟悉的区域,我生疏的境界、感悟、功夫,这是生处。

而熟处是什么呢?就是平时熟悉的朋友、环境等。修禅要把生处变熟,熟处变生。如何转换呢?用这个参话头法来转,慢慢生疏世间的享受、名利,这时你看到好看的、好吃的会没什么感觉,人家喝酒、逛街,你没兴趣,原来熟悉的追逐物质的心变生疏了,把追逐名利声色的心慢慢转淡,这时候原来不熟悉的觉知、禅定、智慧慢慢地转熟,参话头是转换的方

258 | 生

念头

便法之一。

参话头的关键在于必须一参到底,不可以随时换题目,不能说今天参"父母生我之前我是谁",参了一年,没效果,又改参"万法归一,一归何处",这就像烧水一样,水不到沸点就不算是开水。参的话头,没有什么优劣之分,喜欢什么就参什么,就参这一个,死死咬住,一直参下去。我们身边多是聪明伶俐、小聪明的人,说起修禅,一讲便认为懂了,用自己的意识来分别,那都是自己障碍自己,自欺欺人。

迷则千万年,悟则刹那间!迷者就如一人独处暗室,不知电灯的开关在哪里,纵然摸索一万年,也是黑眼痴汉。另有一人知开关的方向,打开后瞬间光亮,禅法是告诉你开关在哪里,顿悟法门和修禅的时间长短无关,唯关是否明白,能否可以正确找到开关的位置。

三

"你们看,我们到了哪里?"我忍不住惊叫起来。

是监狱!

看到了死亡的气息,但奇怪的是我并不恐惧。无知的人才会恐惧,如果知道死亡是怎么一回事以及死后去哪里,生死不过是

260 | 生

感觉

修道

游戏。

我还没达到出入生死的禅师境界,但这种不恐惧死亡的心是从那次住院后产生的。

60岁后我变得有些怕死,日常生活中突然开始关心老伴买什么菜,吃什么东西养生,什么是有机产品、绿色蔬菜?以前我对这些玩意儿根本没兴趣,从那时候开始我知道自己老了。

我住院后详细思考了佛法中对于生死的解释,佛将人的一期生命分为生有、本有、死有、中有四大阶段,《瑜伽师地论》中将人的死亡方式归纳为三类:一、寿尽死,就是尽享天年而老死;二、福尽死,虽然天年寿数未到,但福报尽了而死;三、横死。什么是横死?《佛说医经》说有因为吃得过饱、吃了不该吃的东西、性生活过度、不爱惜自己身体等九种横死,称为"九横"。

人的生命,为寿、暖、识三者的结合体,暖就是体温、生命热量;识就是心识,三者解体,即是死。而三者解体,由死亡方式的不同,大体分顿、渐两种情况。顿死多数是由意外原因导致的,死亡过程短暂,意识与体热于刹那间同时而灭。而渐死,是经历的亚健康慢慢消耗衰老等身心渐变的过程。我那时候发现,我虽然活着,但身心处在渐死的过程中很久了。

古书中多有记载死后复活者的自述、轮回转世的生命体以及亡灵现形等例证。现在西方医学、超心理学、死亡学等对此类现象作了专门收集。人为什么会恐惧死?是因为死亡时太痛苦,因为舍不得放下财色地位等等,这种心态下生死都是痛苦的,难道投生、降生就不痛苦吗?胎儿在子宫里,黑暗潮湿如同监狱,胎儿心中就没有恐惧吗?

身心

从母亲产道降生时,光是母亲感觉到痛苦吗?每个生命体都有心意识,不会说不代表不存在。

既然生和死的过程都那么痛苦,为什么我们见生便喜,见死便悲呢?我和小珠多次认真讨论了生死的问题,她认为她修禅必须要:了生死!

将不可改变的不断衰老的生命体从不可控的渐死转化为重生状态,再从重生中寻找不生不死的本性,自主控制生命的往来,对啊,这样的人哪里还有轮回、业障?唯有找到本性的人,可以进入宇宙天地大洪流,虽说业报、轮回之力非神力可转,但对于入流的生命来说,这些实在微不足道,即"不昧因果"。

慧可禅师"将头临白刃,犹如砍春风";目犍连尊者自愿被外道乱石砸死,对于他们来说,一个几十年的区区生命就如同游戏一般,故而"不昧"。还有禅师们主动脱离人道,自甘堕入畜生道、地狱,你看地藏菩萨就以地狱为家,他们这份潇洒自在,谁可及?

禅法虽然和其他佛教宗派一样会讲到生死、无常、痛苦,但落脚点重在当下一念,重在现实生活中的价值创造、寻找本性,所以与其说其重死、重生,毋宁说其不畏生死、不避生死,修禅既不向往西方极乐世界,也不追求涅槃的解脱,更不害怕堕入阿鼻地狱。

一个行大乘菩萨道的禅者,浸润在普度众生的无尽悲愿中,不会汲汲于肉体的生死,而甘愿无数次乘愿再来人间受生受死,受苦受难,这些出入生死、轮回业障对于禅师们不过是游戏,何来畏惧焦虑可言?

即便还未能臻此境地的禅者,只要有信心在自心田中播下菩提种子,修学禅法,也可以控制、带动自己的人生,就会升起主心骨,有了终将超越死亡的信心。

哪怕没有修法,但心中升起信心,其对死亡焦虑也会大大轻于常人,日常布施、行善的各种行为会让他的人生不至于堕入享乐、拜金的无边黑洞中放纵和沉迷。

许多人问我,智慧和聪明有什么区别?为什么要智慧?智慧有什么用?能看清别人是聪明,能看清自己才算智慧的基础。智慧的人不但可以见到真实的自己,还可以体悟宇宙的本质。我们修的禅法,"法"指的是宇宙一切现象中所具有永恒不变的本性,这种法性是用其他途径无法认识到的。

有了这种智慧,它解决了人存在的根本问题:宇宙观和人生观。有这种智慧来看世界的时候,世界观、人生观就跟一般人不一样了。一个不懂人生的人,怎么会有正确的人生观?知道了生命存在的意义,还有人跟人的关系、人和天地自然的关系,都是同体的关系。有了这种智慧,一个人的心就会大不一样,才能真正了解人生。

还有,有智慧的人具有巨大的自主其心的力量。因为我们天生就有负面情绪、有欲望,这些都是人天生具有的本能,由情绪、欲望发动行为,就产生各种"业"。有智慧的人,不会伤害别人,有力量把烦恼和欲望转化,如果只有谋生的手段,退休以后的人失去了便会恐慌,无以寄托身心。

反过来说,没有智慧的人无法制服情绪、无法控制身体,这是我们现代人的可悲之处。我们总是以为凡不能变现的东西,凡看不见的东西一律无用,现在年轻人比较简单,你想想爱情可以赚钱和变现吗?

为什么爱情对于人生重要，而帮助人实现圆满人生的智慧不重要？

"前念迷即众生，后念悟即佛"，要想不迷惑，就必须修证，转化妄想、执著的"种子"。目前通过科技、政治、文化、教养等途径，改变这种子是很难的，唯有开悟，才真正转化了这种子，此时贪欲也好、嗔恨也好、嫉妒也好，都属于能量，有它的物理属性，也有它的灵性作用。

禅的这种顿悟法，可以说是人类无与伦比的伟大智慧。西方科学家从几百年前就用各种办法来研究，想从身体里面提炼出或者抽出一个纯粹的灵魂，但可惜灵魂跟肉体永远结合在一起，想用物质、科学的方法找到灵魂是有可能的，但无法提取和使用。禅最终将灵魂也超越了，将轮回也超越了，直接去到了不生不死的灵性上，这种乐是极乐，什么叫极乐？就是无受之乐。凡尘中所有的幸福和快乐，都建立在五蕴里面的受蕴。

开悟的乐，是无受之乐，不因为受到某种刺激才产生，这种乐因为跟常人所享受到的幸福快乐完全不同，没法描述。没有吃过蜂蜜的人，你给他解释蜜是什么味道，没有见过阳光的盲人，你跟他讲阳光是什么样，有用吗？

我就是知道了这智慧的重要性，才下决心修禅。不过我修的是被大慧禅师批评的默照禅。

中国禅其实一直没有什么固定不变的修法，到了公元十二世纪，出来两位非常著名的禅师：临济大慧禅师主导看话禅，曹洞宏智禅师提倡默照禅。我原来想修看话禅，结果小珠不同意。为什么呢？她也不说。

她教我先依天台小止观法，调好饮食、睡眠此两种外调，然后调

转化

身、调息、调心，此三种属于内调。五事调好之后，我就开始修默照禅，慢慢越来越有体悟。

小珠建议我修默照禅不是心血来潮，宋以前几乎所有祖师，如马祖、百丈、黄檗、临济、南泉、赵州、德山、云门等等巨匠，无不是这种无为的风格，根本不给学人讲如何调身、如何调息、如何对治昏沉、如何坐禅行禅、如何对治散乱等细节，禅以本分事接人。祖师教你"放下"，放下就是放下，还用得着告诉怎么放下，先放手还是先放脚吗？叫你"打坐"，打坐就是打坐，已经说得非常清楚了，还需要告诉你左脚在上还是右脚在上吗？如果真这么细节，恐怕没几人能悟道。

祖师们这种境界接近于老子的"恍兮惚兮"，根器低的人不理解，批评禅门"空对空"，没有次第、没有下手处，殊不知，这正是禅的殊胜所在！

人因为没有信心，没有直下承当的勇气，故观行跟不上，总希望能抓住一个东西：特定的"所"观人、相、境，或者细节的次第修法，依靠这些才安心。他们理解不了禅祖师无为而无不为的"本分事接人"，觉得禅无下手处，呵呵，我看是无下嘴处。

对于打坐怎么打这些细节，修持中出现的各种现象，所要观照的对象，次第的修法等等细节问题，原本就是"相"，是修禅中需要打破和放下的东西。虽然也有禅师颇具"老婆心"，告诉你先修什么，先观什么，可能会出现什么现象，给修者一个拐杖，但怕就怕修者偏偏喜欢执著这些，抱着拐杖不肯放下，因此反而捆绑了手脚，不知不觉中偏离了"无相、无念、无住"，这就叫旧锁未脱，更负新枷，因此，真正的禅导师想培养真正的禅者，均以"本分事接人"，没有一个人肯给你什

昏沉

么依靠。

宏智禅师《默照铭》写道：默默忘言，昭昭现前。鉴时廓尔，体处灵然。灵然独照，照中还妙……妙存默处，功忘照中。妙存何存，惺惺破昏……默唯至言，照唯普应。应不堕功，言不涉听……照中失默，便见侵凌……默中失照，浑成剩法。默照理圆，莲开梦觉……默照至得，输我宗家。宗家默照，透顶透底……

修默照禅的关键在于默和照必须同步，不能偏废。默而失照，即落入昏沉。照而不默，心浮气躁，妄想纷飞，因此"默照不二"，"无心而照，照而无心"。

这个默照禅不是什么新鲜的、宏智禅师新创的修法，仔细研读一下禅宗祖师的传灯法门，就可以发现一些端倪。达摩祖师重"壁观"："外息诸缘，内心无喘，心如墙壁，可以入道。"

到了二祖慧可大师是"寂静观"："若静坐无事，如密室中灯，则能破暗，照物分明。若了心源清净，一切愿足，一切行满，一切皆办，不受后有。"

再到三祖僧璨大师是"虚明自照观"，《信心铭》中讲："至道无难，唯嫌拣择。但莫憎爱，洞然明白……莫逐有缘，勿住空忍。一种平怀，泯然自尽……绝言绝虑，无处不通……不用求真，唯须息见。二见不住，慎莫追寻。才有是非，纷然失心。二由一有，一亦莫守。一心不生，万法无咎……契心平等，所作俱息。狐疑尽净，正信调直。一切不留，无可记忆。虚明自照，不劳心力。"

诸位祖师句句都是用功的奥妙，这些是禅的用功基础。默照禅"一切现成，休去歇去，空心静坐，无心合道"，这十六个字的精神与上述祖师的精神,是一脉相承的。

由于越来越多的人偏离了禅"明心见性"这一根本,沉溺于对公案的知解知见,玩弄禅文化、禅意文字,争强好胜,徒逞口舌之快,最后变成"口头禅""文字禅",这些着相的禅成了修禅的大障碍。

默照禅看似省力,一动不动坐在那里即可,实际上禅者很容易住在空静之境上,乐在其中,死在里面,所谓"平地上死人无数"。本来活泼泼的默照禅法大机大用,又被变成了"枯木禅""骷髅禅""黑山鬼窟禅"。

大慧禅师的看话禅适时推出,从逻辑思维的角度来说,没有理路可循,不可思议、不可捉摸,激起内心强烈持久的大疑心,在疑心驱使下,禅者进入一种欲罢不能的状态,言语道断,非去来今。心行处灭,伎俩全无。

这话头,终于给了禅者一个下手处。但是小珠再三强调修"参话头"法,必须有一定的禅定基础才可以上路。没有相当的禅定基础,身体难免是僵硬的、紧张的,心里难免是喧闹的、分裂的,加上昏沉、散乱和烦恼情绪的干扰,所以当静坐的功夫没有达到一心不乱的时候,最好不要参禅。

一切禅法都是因缘法、方便法、药病法,而不是一成不变的"实法"。这是原则!当默照时禅者身心放松,愉悦不已,住在这混沌的空静之境,贪执于空灵的愉悦时,此时正念若有若无,似清醒又不清醒时,执著在此必然生病,如在此时能找到某个激起自己疑情的话头,猛利地参究,又有何不可?

小珠一直说默照禅属于阴法,看话禅属于阳法,阴阳须臾不可

精神

离。现代人压力大，修默照禅是放松的，观照身、口、意三业，开悟之时的感觉犹如日出一般，缓缓升起，天地一片光明。默照时身心极其宁静、快乐，可以超越时空，斯际内气生起，这悟就是在日出般缓缓升起的强大能量中获得。

与修默照禅相反，看话禅是紧张的，专注一境，片刻也松不得。看话禅要具备大疑心、大愤心、大信心三心方可，开悟之时，犹如晴空一声霹雳震开天空的乌云，这雷霆万钧的霹雳是怎样的力量？必须像猫抓老鼠一样集中全部精神，蓄势待发，然后全力一击。

人内在具备了许多不可思议的能量，不到万不得已，发挥不出来。我记得东山告诉我，韩国首尔动物园中有个虎园，有一次一位妈妈背着小孩去看老虎，没想到小孩子的头怎么鬼使神差地钻进了围栏，孩子的头进围栏容易，出来就难了。此时，老虎正在一步步接近孩子，眼看着就要吃掉孩子了！

千钧万发之际，背着孩子的妈妈双手一用力居然将铁围栏拉弯，孩子的头顺利出来了！这拉弯铁围栏需要多少力？几个男人也不一定可以瞬间拉弯，普通的女子发出的力量是可以通过不断训练得到的吗？人在精神集中时爆发的力量多么可怕？这些能量用科学的训练方法和次第增加的修法是得不到的，唯有将心念集中集中再集中，等待突然爆发，此时便是话头禅的顿悟。

参话头悟道要的就是这千钧一发的雷霆之力，但集中这种能量需首发大疑心，不是我们平时的小疑心。小疑心的人疑神疑鬼，惶惶不可终日，对感情、事业、人际关系缺乏安全感，小疑是一切烦恼的根源，这样的小疑属于自寻烦恼，和用来解脱烦恼、探明真相的大疑心天地之别。

　　大疑,是抱着大无畏的精神,去追根溯源人生的意义。这种疑比较容易发生在碰到危险和逆境时,但如果在顺境中起疑心,才是真正了不起的人!很多人在顺境中容易满足,起的是傲慢心而非疑心,能在顺境中起疑心,也才能突破和超越自己。

　　一般人不会对人生起疑情:你从哪里来?你的使命是什么?为什么会痛苦?浑浑噩噩跟着社会、环境过的人,遇到逆境会抱怨,遇到顺境则得过且过。

　　大疑心需要以大愤心为动力才可以起来,这个"愤"不是愤怒、生气、杀人放火的愤,而是如烧水的柴一样,是把疑心这把大火熊熊燃烧的必要条件,是破釜沉舟、视死如归的决心。玄奘法师、法显法师西去印度求法,经历了怎样的苦难?这决心就是大愤心。

　　古时要请到一本经典,闻听正法是十分困难的,经书通常是向人借后,用手慢慢抄写。而现在家里有一套《大藏经》的人不少,可是有人看吗?请了经书回家做装饰品。古时闭关修行,自己挑水、砍柴;现在修者多么享受?物质条件丰富了,心反而轻慢和不专一。例如看经,今天看看《法华经》,明天翻翻《坛经》,学习其他功课大致也是如此,太容易得到了,就不会珍惜,因此你看看多少大学毕业的天之骄子,谁可以把一门学问理解清楚?

　　参禅的人,最重要的是专一,可当你专一时,身边的亲朋就会调侃说:"你没事干吗?禅能当饭吃吗?你出毛病了吧?"听多了这些话,参的人就开始怀疑自己了,怀疑修法了。所以真正的疑,既不容易发,也不容易持久,那历程相当地孤单、寂寞。

生 | 275

能量

我们再回头想想,科学怎么发明出来的?怎么进步的?没有"疑"心,牛顿就只是被苹果砸了一下而已。大疑才可能大悟,很多人只想开悟,甚至想顿悟;但自己全无疑情,习惯依靠和迷信,这从何而悟呢?佛说:回头是岸,什么是回头?还是从疑开始回头。如登山时,走着走着,感到路好像不对劲了,怎么愈走愈偏僻呢?有疑心才可能回头。

就修行法来说,多数人是今天参禅、明天念佛、最终什么法门都不理解。选择机会太多了,就没有愤心了,任何时候一旦遭遇困难,就找各种借口调转方向;所以现代社会愿意修行的人不少,但迷相、迷境、迷身、迷信的人多,成就者愈来愈少。

什么是大信心?信又可分为"大信"与"小信"。比如小信心的人说我信佛,生病了,就去拜佛,病好了就信;如病没好,就开始怀疑了。修禅的时候想:我喜欢禅,很安静,打坐坐得蛮安稳的就高兴,但可以天天如此安稳吗?不一定!那坐不住的时候、腿脚痛的时候信心又不知跑到哪里去了!小信心是无根的浮萍,必须寻找另外的依赖对象,来寄托他的信心。

现在参禅,去寺庙禅院静修场地打禅三、禅七好像挺时髦的,拍些打坐、做法事的照片感觉有些出世间的意境了,还有人想进了禅堂修禅是不是可以沾上一点佛光?对了,甚至有人说同修最重要,修禅也可以结交朋友。我真的奇怪,难道现在修禅也可以互相聊天?那修的是什么禅?

还有些人把修禅当作度假。平日的工作比较紧张、压力大,去禅堂打坐感觉可以休息一下,糊里糊涂地打坐,修的什么根本不清楚,这些赶时髦、交际、沾光、度假等等心理根本不清楚为什么修禅。除此之外，不少人跟我讲修禅可以治病，身体有病就准备禅修去。说打坐可治病，头疼、失眠、便秘、腰酸、胸闷、减肥，好像修禅跟去疗养差不多了。

最不可思议的有人告诉我最近没人骂了！我就奇怪了，这皮痒、欠骂，也要修禅？还有人说被人关起来舒服，难道禅堂是监狱？修禅什么时候衍生出这些功能了？

禅对人生的好处，是不可说、不可说的奇妙之境，就像参话头禅一样，最初参时觉得不适应，慢慢感觉比较有味道了，再参！终觉得这的确是个大问题，这时候也愈来愈急切地想知道这问题的答案。最后，你就会整个卷到疑团里去。所以参禅的第一个层次：要想办法钻进去。

修到第二阶段，要知道钻进去不是目的，钻进去为的是跳出来。事实上禅者此时如在黑漆桶里面，晕头转向，有时头破血流，但你必须跳出来！别无选择。佛祖在菩提树下发愿"不成此道，誓不起座"，他那时心中充满疑情，起了不退转的愤心，而这些源自于他坚定的信心。

参话头是阳法，默照禅是阴法，一动一静相映成趣。对于刚接触默照禅的禅者，我认为初学默照禅需先背诵三祖的《信心铭》、永嘉大师的《证道歌》，这些都是入门的基础。一如《证道歌》中所说"不除妄想不求真"，但也不是躲在静处于禅定中享受安逸，而需随缘摄化，悲智无量。

人生和修禅一样离不开阴阳平衡，在平衡规律的驱动下走向正面,如人可能在痛苦中解脱、贫穷中努力、挫折中振奋一样。适当的压力是动力,才会激发潜力、才会成长。人如果光有阴性的慈悲而无雄力,易流于懦弱胆怯。但若阳刚之气太盛,则导致刚愎、傲慢、狂妄,进攻性、破坏性强,修禅是要中道,精进太盛会产生负作用。太急增其急躁,太缓令人懈怠,平等修习,莫定义莫取相才是正道。

修行人如果不领悟修的真谛,全心投入在持戒、行善、观心、持咒、念佛、参禅等过程中,被戒律和信念、咒语、佛号、话头等压抑。一些反面的无意识的欲望、冲动会暗暗泛起、露面,形成种种挥之不去的杂念烦恼。一切随缘是不要强行压抑,否则导致心魔狂舞。

人生中的阴阳很微妙,既要平衡又要动态平衡,例如:水能灭火,阴能伏阳,阴不能伏阳,便有被阳所摧的危险,男女之间如果女人不能摄男人之心,便有被男人抛弃之险。这婚姻爱情的美满与否,决定于两性身心是否阴阳平衡、和谐。

"佛说一切法,为度一切心;我无一切心,何用一切法"。如大慧禅师的看话禅与我实修的默照禅之间,其实就是一场游戏,把这个看作是药病相治就好了,不能全盘否定某一法,也不能执著在某一法。

哎呀,你看看我这个念头都跑到哪里去了?

我们跟在大慧禅师身后一步步走出天牢,门口有一位僧人笑吟吟地恭候着。那不是被大慧禅师责成"邪师"的宏智禅师吗?他怎么来了?大慧禅师被开除僧籍对默照禅来说岂不是福音?他为什么手里还恭敬地捧着一杯茶?

两位禅师都在微笑,这哪里是去流放?哪里是冤家对头?分明是同赴喜宴的亲家。

哦,我突然明白了,禅师们的打骂皆为破执,皆为众生离苦得乐,哪有什么个人恩怨?

我仿佛听到大慧禅师在对宏智禅师笑着说:"大慧今坐此罪,事体昭明,岂偶然哉?因缘会遇,一切欢喜顺受……"

影子

死

一

我们坐在象背上缓慢地行走着,远处寺院里传来了悠悠钟声。

天空晨曦初露,朵朵白云缭绕。我们顺着溪边行走,身边是山间小路,有浓密的松林,青松高大,山谷幽深苍翠。

雨后初晴,悠远的钟声带着我们进入这寂静空茫的云雾之境,断断续续的钟声打破了夜的沉静,总是那么悠远、庄严,在寂静的山谷中回响。

现在应该是早课时间吧,僧人们是时候上殿颂经了,我的思绪随着悠悠荡荡的钟声若隐若现,伴随着木的移动与撞击,"咚"的一声后是长长的颤音,像雾若云,忽聚忽散。没有高低起伏,没有激昂的旋律,它像一个高音的下降,之后又是一个高音的下降,不悲也不喜。

我常常听着悠长的钟声,心中感觉一切归于虚灵,钟声愈发悠长,愈发清澈,则愈发沉静。"咚"之后的颤音仿佛隔了几个世纪似的,在无穷的回味中颤音越来越小,直到终于听不见时,会又传来一声"咚",无穷无尽,一如生命,老了会死,死了再生,起起落落。

大象转头上了山林,觅小路度深林,小径幽深宁静,林海茫茫,我感觉我们仿佛坐在船上,伴随着清凉的钟声穿越这无边的生命之海。

山高林密,云雾缭绕,清新明丽,昨天我升起一个念头,想入到师父的定中,看看他都在哪里?在做什么?他在象背上每天除了适时品箫,平时都在静坐,任凭我们怎么说笑,他始终没有反应。

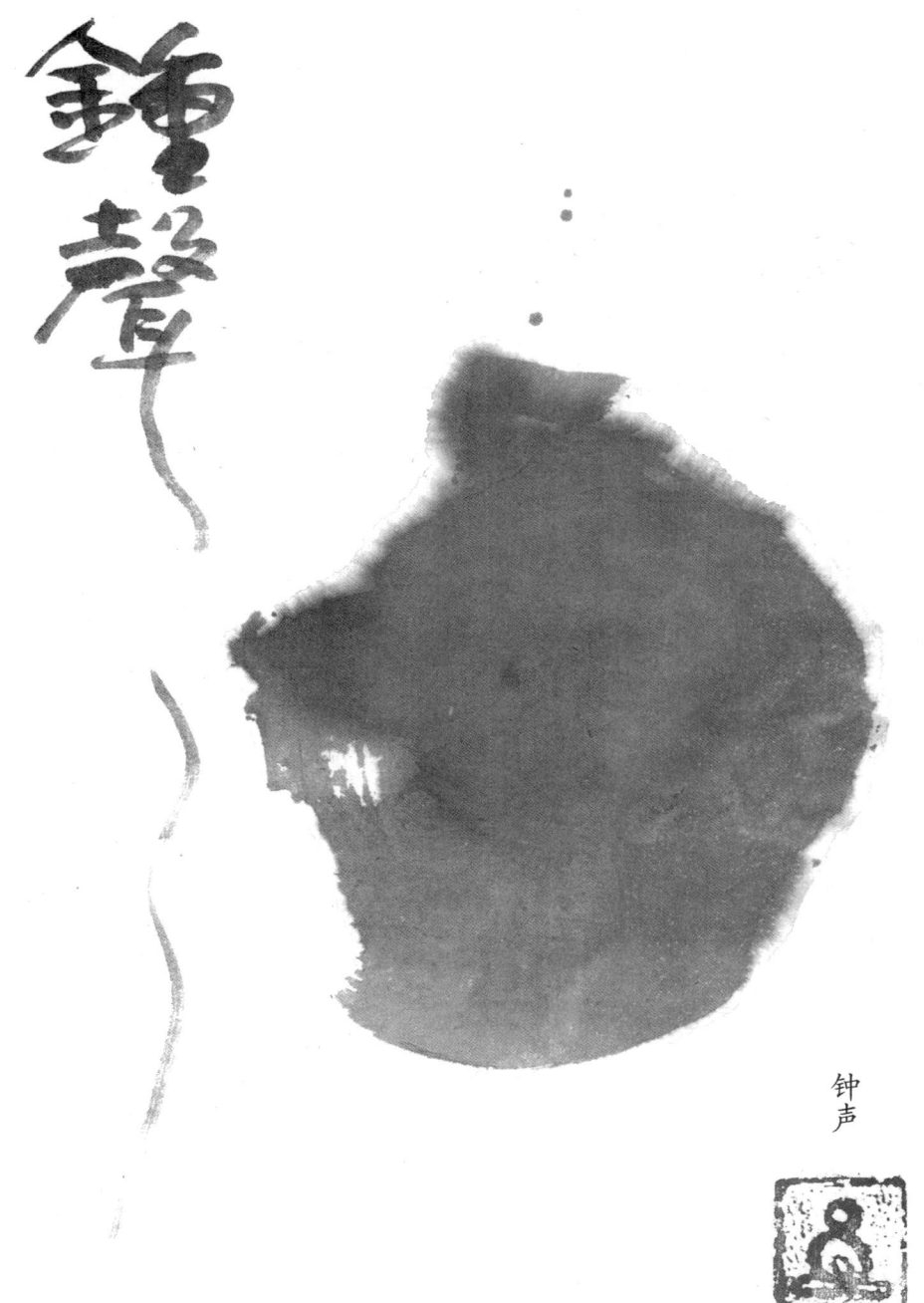

钟声

我找了小珠师父，请她带我一起进入师父定中，我十分想去定中见见师父。嘿嘿，一方面我知道自己能量还不够，另一方面也唯有拉她进来，师父才不会责怪我。小珠师父听了我的想法，竟然一口答应了，说等其他人一睡，她就带我进入。

我等啊等啊，好不容易盼到那几位神仙们说累了，美美地睡着了。于是小珠师父拉着我的手一起入定，我感觉到从她手上滚滚而来的充沛精气。

出乎意料的是，我们见到的不是我想象中的兜率天宫、灵山法会，或者什么仙山楼阁、鸟语花香，我们见到的是：地狱！

我们刚进去时，感觉一片黑暗，慢慢见到一束暗暗的光，我们小心地顺着光走，走着走着突然山崩地裂一样，地上露出了一个大黑洞，一条通道展现出来。

这个通道是一个斜坡，我们往里面走，很快看到了另外一个世界。这里也有天，但阴沉沉的，布满血色的云彩，也有地，但地上干枯，没有任何的植物，空气异常炎热，通道周围有鬼卒们吆喝着，有许多铁链拴着的人，被驾着、拖着在往通道下走，鬼卒们时不时用狼牙棒给他们来上一棒子，人群中血肉模糊，惨叫连连。

我们两人心惊胆战地在愁云惨雾中越走越深，小珠师父的手心里也都是汗。不一会，看到一个高大的黑色城墙，鲜红的大门，天空中刮着烈风，守门的是两个夜叉，皮肤青蓝，獠牙外露有一寸长，耳朵如驴耳呈尖锥型，手上长有红毛，每人手执一叉，它们一个把门，一个登记。

我想这大概是地狱之门了吧？我意外地发现门内黑压压一大片做苦力的劳工，他们虽然也带着枷锁，但能自由活动。

死 | 285

通道

我们继续走着,过了一会,看到了城隍庙大殿,正中间坐着的是阎罗天子,威严的脸上透着刚正不阿的正气,他的外貌和阳间人没任何区别,旁边坐着两个判官,下面有个书记员,阎王好像在断案,翻看受审者一生的经历。

大殿正中的油锅滚滚,夜叉遵照阎王之命将人扔入油锅,皮肉被炸得吱吱作响。我知道地狱中人神经的触觉感受比阳间还敏感,因此感受到的痛苦比人世间猛烈多倍。

阎王还在继续审案,我和小珠师父心中不忍,忙忙离开,我们从大殿右边侧门出去,没想到来到一个更可怕的地方,那里黑暗得伸手不见五指,阵阵腥风扑面而来,有千万哀嚎之声入耳,脚下是尖刀铺成的道路。

我们走过去时看见许多全身赤红的恶鬼往来其间,脸上长有蓝绿色的毛,牙齿外暴如狼,手指有半米多长,指甲犹如钢刀。这个好像永无止尽的通道的顶端是弓形的石壁,通道旁边密布着一个个小房间,里面都是犯人,可以清晰地看到满地毒蛇、蝎子在咬人肉,这些人的肉被咬完,隔日又会重新长出新肉继续被咬,这里的犯人即使被咬成骨架骷髅,意识也还是清醒的,在这些清醒的意识里,不知道他们会如何看待过去的一生?

我和小珠师父从来没有想过今天会来地狱一游,这些恶鬼们不知道能否看见我们?我们还能离开吗?师父啊,您在哪里?

我被这地狱的阴寒邪毒之气感染,心中充满了惊恐,我抓着小珠师父的手一刻也没有松开,此时,我们只有彼此温暖。

穿梭在拔舌、砍手、咬肉的各种惨叫声中,啊,我居然在这黑暗的墙边看到了彼岸花!这绝美的冥界之花:曼珠沙华。

小珠师父见到花，她拉着我不让我靠近，她说彼岸花的花香有魔力，可以唤起许多不必要的记忆，这花春分前后三天开的叫春彼岸，秋分前后三天开的叫秋彼岸。一到季节彼岸花就绽放出红黑色的妖异浓艳的花朵，整片的彼岸花散发着触目惊心的赤红，如火、如血、如荼。

彼岸开花，花开彼岸，花开不见叶，有叶不见花，花叶两不见，生生永相错。

这绝美的花是黄泉路上唯一的风景了，只是走在这路上的人，有谁能有欣赏的心情呢？仅仅是黄泉路上的人没有欣赏的心情吗？我们世间生活的人们，自然中那么多美好的景色，有多少时间、精力可以用心去体会和欣赏身边的美景呢？有多少人能预知自己什么时候会突然踏上另一条不归路呢？

我看着这大朵大朵的花，就像是血所铺成的地毯，走在这条火照之路上谁能不心惊？归于地狱的人踏着这血红血红的花路通向幽冥，不知道有多少人此时此刻眼中会充满血色的泪水？

我和小珠师父快速通过着一扇扇门，小珠师父轻轻地唤着："浮鱼老禅师！老禅师！"

我们一层一层顺着斜坡往下行走，最后到了一个七重铁城、七层铁网、刀山剑林、有十八狱卒把守的大门，小珠师父悠悠地说："我们到阿鼻地狱了。"

我看见城中有四门，门上有八十大釜，沸铜滚滚从门上涌出。门内依稀可见猛火烧人，焦热恶臭。啊，我们终于看见师父了，远远地见他优哉游哉地坐在一个大石墩上品箫，身边围着不少断手断脚的人。

那些人有的听着箫声入睡，有的在低低啼哭，有的匍匐在地。我知

288 | 死

花香

道师父一定是用清凉的箫声灭除他们身心的焦躁痛苦,解除他们无边的心底煎熬。

看见我们过来,他停了下来,正色说:"你们太顽皮了,快快回去!这阴气你们承受不起。"

我几乎快哭出来,沙哑着嗓子说:"师父啊,您天天入定,原来在这里?我还以为您在天宫逍遥呢!"

没等我哭诉完,小珠师父就向师父躬身合掌道:"老禅师,我们马上离开!"

说完她拉着我就走了,我一步三回头看着师父,看着师父座下的熊熊大火,师父面前恶臭不堪的那些人。渐渐地,师父的影子越来越小。我们不知道怎么离开地狱、回到象背上的,我和小珠师父回来后谁也没说话。

周围很安静,大家还都在睡梦中。

我的心再也无法平静,地狱中的一幕幕不断在脑海中回放,师父为什么要去地狱呢?想着想着,我的心回到现在,难道地狱只在地下吗?

记得前几天,有位师兄给我们来信,说目前北方的空气差到极点,雾霾已经严重到了无法呼吸,他说污染的空气对肺部、呼吸的影响,我们几个在象背上也曾讨论过这个问题。

元冥博士感叹道,这么严重的空气污染最可怕的是不知不觉中会改变人的各种功能。

明慧则说到空气对人体呼吸道的严重影响。

紫玉呢?她说这下医院生意好了,估计天天爆满。

提到医院,我又想起几年前一位师兄出了车祸,我去医院的重症病

290 | 死

极点

房探望他的经历。

那天深夜的医院里很安静,我找到外科六号病房,看到房间里还躺着三位病人,每个人的床头都有一个电子显示仪,各种曲线在不停地变化,显示着生命的体征。

他们身上插满了各种管子,管子里有不同颜色的体液,我当时进入病房的第一感觉就是:地狱。

医院可谓地狱在人间的示相,它最清楚、最直接、最彻底,也最残酷,每天都有生死大戏上演。

师兄在病床上躺着,腿骨、胸骨尽断,头上包满了纱布,看到我来时眼里迸出一丝亮光,仿佛溺水之人见到救命的稻草。

于此,我想起自己在山里禅修时,每天凌晨三点开始用功。清晨禅坐,微风鸟鸣,山风习习。夜晚静修,万籁俱寂,超然物外。现在想来,这就是天界啊!

以前我修禅时会沉浸在大自然的喜悦、沉浸在身体的觉受上,一有同修乱讲话,乱动作出声音,一有新来的人身上邪气、臭气、酸腐气充满,心中就不禁生出厌恶。

师父告诉我,他独坐山中时夏蚊嘤嘤作舞,便观作群鹤舞空,心之所向,则蚊子果然能变鹤,我怎么就无法看蚊成鹤?只要听到乱七八糟的声音,闻到腐气的味道,心中像千军万马的惊涛骇浪,每天,我都念着静!静!静!然而,每每事与愿违,就变成了烦!烦!烦!

今天我在想,我修的这是什么禅?难道只有在深山古刹,山林水边,没人打扰时,才有一丝静定,这是什么狗屁禅定?怪不得师父说我这样修法,几万年也开不了悟。

猛然记起赵州禅师的事迹，一次，他和弟子文偃禅师在谈论佛法的时候，正好有人送来一块糕饼。禅师说："只有一块饼，我们两个人要怎么吃呢？这样好了，我们来打赌，谁赢了，谁就吃。"弟子问："怎么赌呢？"禅师说："我们用东西来比喻自己，谁能将自己比喻得最脏、最贱，谁就赢得这块饼。"弟子说："好！"。禅师于是先说："我是一头驴。"弟子接着说："我是驴子的屁股。"禅师说："我是驴屁股里出来的大便。"弟子不落后说："我是大便里的蛆。"禅师无法再说，于是反问："你在大便中做什么？"弟子笑说："我在大便中乘凉啊！"

什么是垢？什么是净？最污秽的地方禅师能逍遥自在，这无分别的心常住的就是清净国土啊！为什么我不能把医院变成清凉国土？随其心净则国土净，无处不自在啊！

三祖说"毫厘有差、天地悬隔"，师父以前常常讲，百丈怀海禅师上堂讲法时，曾有一个不相识的老人跟着和尚们进入法堂听讲。有一天，大家都走了后，只有这位老人留下来不走。百丈禅师便问他是谁。他说："我以前是这山上的方丈。一个学生问我修行如果修到道行很高，人还会不会落入因果？我答说：'不落因果。'因为这句话，而使我堕入畜生道变为狐狸身，已经有五百世之久了。现在我求禅师您开示，到底修行修到道行很高时，还会不会落入因果？"百丈听后，回答："不昧因果。"

老人大悟，向百丈礼拜说："感恩禅师慈悲，我现已解脱了野狐之身，我住在山的那一头，请您按照和尚死亡的礼仪埋葬我。"百丈便向大家宣布饭后举行葬礼，大家都非常惊奇，因为庙里根本没有人死去。饭后，百丈便带他们到后山的洞穴中，找到了野狐的尸体，并举行了火葬。

死 | 293

屁股

我啊,应该庆幸今天醒悟,否则流入邪僻,没准和野狐老人一样悲哀。我们现在到了哪里?

二

我 实在是没想到浮鱼老禅师在定中驻法地狱,以箫声为甘露普度极苦之人,相比之下,小珠我真是惭愧!

我身处炼狱之时,便如忽然失却身心世界,泯然空寂中,灵光湛湛,无数尘刹焕然炳现,如凌虚影像,明照无边。禅者本应能从心所欲,能入佛也能入魔,我修了这么多年的禅,明白那么多禅理、禅法,但我愿主动入魔吗?我敢主动入魔吗?光能入佛不能入魔,还叫什么不二?道高一尺魔高一丈,没有魔来度道,道怎么提高?怪不得我近些年道心渐退啊!

老禅师告诉了我水月是大梅法常的化身,我很惊讶,大梅是我敬佩的禅师,他悟道的经历很直接,他参见师父马祖时请教:"如何是佛?"答:"即心即佛。心就是佛,佛就是心。"大梅于是马上就开悟了。过了三年,马祖想试试大梅是否退转,派一个侍者去找他,说:"师兄啊,师父近日讲佛法与前有别。"大梅说:"怎么讲?"侍者说:"师父说:非心非佛。"大梅笑:"这老汉又来惑乱人了,他还有完没完?任他即心即佛,还是非心非佛,我只管我的即心即佛。"师父听了侍者回复后,说:"梅子熟也!"

如大梅这般的真悟道人,有大信心,立稳脚跟绝不会被他人言语左右。我们现代人有什么信心?如果有个陌生人跑过来告诉你,我看见你太太跟别人有私情,你多半会开始怀疑太太的,于是疑心生暗鬼,越看越不对劲,太太没有变,变的是你被谣言迷惑了的心。有几人能像大梅禅师一样不被蛊惑?不被语言游戏?

人越来越不自信,才会被别人带着跑,失去了自己的人根本没有信心可谈。我听说现在还有父母请私家侦探去查自己的国外留学的孩子,我认为现在都疯了。一切心魔始于信心缺失,连家庭这样最后一块世间的净土也变成了战场,人还有什么地方可以休憩身心?

我们妄称自己是万物之灵,可是偏偏许多动物都比我们有灵性。长着珍贵象牙的老公象尸体从来就没被人发现过,就像我们脚下的这头大象一样,所有的大象虽然力大无穷但性情却出人意料地温顺、谦和,只有不受攻击,绝不会主动伤害别人。

大象能准确地预感到自己的死期,在死期降临前半个月,它便独自离开象群,告别同伴,走到遥远而神秘的象冢了,或是在一条深深的雨裂沟,或是一个巨大的溶洞,或是地震留下的一块凹坑。凡这个种群里所有的象,最后的归宿必定在同一个象冢;大象在生命的最后时刻,凭着神秘力量的指引,个个都能准确无误地寻到自己的象冢。到达后,它会使出最后的力量用鼻子为自己清理出一块地方,然后静卧在里面,从容地死去,这么多年了,通往象冢的道路,没有人曾经找到过。

大象都知道自己的死期,那么人呢?为什么多数人死到临头还在妄想?人类没有预期生死的灵性本能吗?为什么古时修者以及平时修身养性的有德之人，包括善良平和的哪怕一字不识的村夫，都可以预知死期，提前安排好身后事，平淡无痛苦地寿尽而死？

而今天有几人还具备这种预见能力？有几人可以安详地灭寂？人类失去的本能仅仅是这点吗？

我们再看看小狗，它为什么会对着空中狂吠？它可以看到多少人类看不到的东西？听到多少人类听不到的声音？我们现在所说的自然只是相对于人类来说的自然，我们所说的科学，也只是人类的科学而已。

在这个宇宙里，有多少和我们的视觉、听觉、触觉，完全没有交集的生命，我们或许生活在同一个地球，也或许不在一起，但依赖六根生活的人类根本看不见、摸不着，高智慧的生命体可以看见低智慧的生命体，甚至操纵着某些我们不知道的能量场，就像我们可以通过仪器看到许多微生物，而这些微生物并不知道我们在观察它一样。

连小狗都能看见普通人看不到的东西，开悟的智者心胸打开后，可以接受到天地的信息，那么他心中、眼中所思、所见的世界又是怎样的世界呢？我们可以用常人的心、眼去理解吗？

常人眼中的空无一物，真的空吗？就像黑夜真的黑吗？寂静时真的静吗？普通人类的六根都是迟钝的，欲望越多就越钝化。

在夜视动物的眼里黑夜是黑的还是五彩缤纷的？当猫科动物脚上的肉垫感受地面振动，能预感到远距离大型动物的移动时，迟钝的人只有依靠仪器才能分辨，仪器有那么可靠吗？

明慧曾给我看过一部叫《黑客帝国》的电影，我惊奇地发现西方的思想已经越来越向东方传统靠拢了，只是四方人可以理解灵魂，还没有完全理解什么叫灵性，但我相信他们终有一天会明白的。电影中那个

智者心

主角叫 Neo，他领悟后能力大涨，世界规律了然于胸，能见他人所不能见，自然世界对于他如庖丁解牛，操纵起来毫不费力了。

佛陀当年为了什么放弃了帝王的富贵荣华？他悟道后没有让自己变成金刚不坏之体，佛经上记载，他活着时也有病，也吃药，吃他的弟子耆婆居士开的药。有一次他感冒，耆婆来给他开药，佛看了耆婆的方子说，你少了一味药，忘记加酥油。耆婆说：师父啊，您永远比我们高明，我真的忘了。

佛死后弟子们把他装在棺材里，他的传法弟子大迦叶尊者，听说师父将灭寂，日夜兼程地往回赶，但迦叶尊者赶到时，佛已经装进棺了，尊者难过地跪下来，没想到佛陀把脚从棺材里伸出来。尊者看到佛陀的脚，就捧着脚，说："知道了，世尊！"

佛真的有生、老、病、死吗？佛"示现"的生老病死是在告诉众生"诸行无常""诸法无我"，谁也逃不了这个规律，他怕大家把他当神，示现无常给众生看。他临死前说《涅槃经》，经中讲：我们生命背后有一个真正不生不死永恒的东西，这个就叫"涅槃"。我们看佛陀，再看中国禅无数大禅师们，哪一个不是神通自在，要走的时候往来自如？

龙树菩萨说因为人出生后在环境中学会了分别事物的生住坏灭，故人自己创造出来有生住坏灭的世界让你去分别。离开事物的生住坏灭的过程，哪有什么时间给你分别？

没有时间，哪有生死？因为人死时的痛苦大家可以切身体会，因此内心中对死亡产生恐惧，但出生的时候难道不痛苦吗？恰恰因为我们感受不到这些，所以不知道恐惧。为什么必须等到去了医院才明白健康的重要，等到踏上了黄泉路才后悔虚度光阴？早一天真实清楚地看

示现

到生死的本质,生死就是一场游戏。

我们的生命如同天空的云,出现了,又消失了。出现时我们说"生",消失时我们说"死",但云有"生"这回事吗?本身就是没有云这个东西的,它不过是一个形态,水蒸气升上天,慢慢浓集了,形成一个幻相,也就是一个朵云,再随着温度变化又慢慢地消失了,如果我们不管它的过程,看到便说云生云灭,云聚云散。当然人的生命不是云,而是更加精妙的灵性生物,但人的感情、心态、情绪、体会和云一样聚散无常。

法有生灭吗?法的生灭从哪里来?心生则法生,心灭则法灭,仅此而已。

我们只是把事物生住坏灭的过程叫做时间,什么是先、后?先和后的顺序真的存在吗?先有鸡还是先有蛋?我们人为地给有周期性的物质变化确定一个标准,凭什么说上弦月就在下弦月之前呢?我们无法辨别真实的先、后,所以忽视物质变化的前后而只管它的中间,然后分割,等分后就算出时间这个东西了。

时间一直在前进吗?什么叫前?什么叫后?什么叫里?什么叫外?什么叫高?什么叫低?站立的角度不同,看到的世界就不同,前后里外高低等等都不同。离我去者,昨日之心不可留;乱我心者,今日之境多烦忧。

我们对于过去和未来,都毫无知晓,毫无把握,最多也只是留下一些模糊的记忆,却无法重现它们的真实面目。整体的生命似乎被分割成无数个零落的碎片,随风飘逝。而感觉中,我们总还以为拥有什么似的。

死 | 301

因缘

我们生活在地球，因太阳的升落而有了地球的时间，而一些生物不是利用太阳的升落来感受时间，他们有自己的生物钟，如果一个人生下来是瞎子，而又独立生活的话，他根本就没有太阳的概念，没有集体的概念，他就利用自己的感受，而他的时间也与我们不同。

　　常人生活在世间无论在时间，还是在空间，都不能得到绝对的自由；也都无法找到完美的幸福！为什么？因为生命有限，生死面前人人平等。

　　对于生前死后的凌乱与隔阂，这种无知的状态，佛法中称之为"分段生死"。现实的人生，就是分段生死的展现。形体的美丑，寿命的长短，知识的多寡，情绪的高低，智慧的深浅，人人各不相同，自有特色，彼此之间难以沟通，难以理解，难以想象，种种差别情景，都是"分段"之意。分段生死具有最基本的三种痛苦：苦苦、行苦、坏苦，通常称为"三苦"。

　　苦苦，就是直接的、具体的、客观的、痛苦的感受。一切不如意的痛苦感受，具有强烈不堪忍受之苦。生老病死谁替得？爱者有别离，怨憎却相会，所求不如意，旧苦未去，新苦又来。屋漏更遭连夜雨，人生之痛何堪言！在一切苦苦当中，老、病、死之苦，是最根本的痛苦。

　　行苦，是间接的、无形的、变化的、不苦不乐的感受。人生在世，能让自己快乐和痛苦的事情，在时间的比例上并不是最多的，而不苦不乐的，在不知不觉中流逝的时光。人们是何等的无能为力？一任岁月蹉跎。高堂明镜悲白发，朝如青丝暮成雪！

　　坏苦则是指直接的感受，人在失去快乐时，内心就产生极大的痛苦。天下没有不散的筵席，亲人的别离，青春的逝去，才华的枯竭，荣华的衰落，无一不是乐极生悲之坏苦。雕栏玉砌应犹在，只是朱颜改；问君能有几多愁？恰似一江春水向东流。

要脱离时空局限，脱离生死之苦的束缚，最快就是一念成佛，见性成佛的顿悟法门，直接从心性上契入，一切法无相无作，生死无生死相，解脱无解脱相，而生死解脱的来龙去脉、因缘果报却清楚明了，正是：无明实性即佛性，幻化空身即法身。法身觉了无一物，本源自性天真佛。这真是不可琢磨、不可思议的境界，直示佛法的究竟了义，就在我们的一念心中完全具足，亦在日常生活中显露无遗，饥来吃饭困来眠，生死的真相，本来如此：心无挂碍，无挂碍故，无有恐怖，远离颠倒梦想，究竟涅槃。

两千五百年前，北印度迦毗罗卫国的一位太子，他看到汗流浃背的农夫在不停地抽打耕牛，缰绳磨得牛颈流出血来，耕犁翻开的土地露出虫来，虫子又被鸟雀吃掉，鸟雀却被老鹰吃掉。这位太子那敏感的内心无法容忍每一个生命都沉浸在自我的迷宫里，互相残害而得自生。他发愿为众生找到一条脱离生老病死不断轮回的路。

这位太子离开王宫，在各地苦修六年，终于找到了监禁自己的迷宫的钥匙，知道了"无明"是监禁人的狱吏。一直以来，我们的心被无明所蒙蔽，就像星月被暴风中的黑云掩盖一般，我们的心不停地被妄想的浪潮障蔽，心识错误地将天地万物分成主客，自他、存亡、生死等相对意识。从这些分别心再生起妄见：感受，爱欲、执取、生、老、病、死……生命既然是无始无终、始终存在的状态，我们应该担心的就不应该是衰老，而是经历着昏暗愚笨锈蚀的人生。

各种的痛苦交织集结，迷宫的围墙被欲望叠加不断加厚，逃出这个无底迷宫的唯一办法就是捉拿祸首,看清它的真面目,只要找到症结,迷宫将进出自如。

他成了佛,他找到迷宫的出口,那个清晨他抬头望去,启明星在天边像一颗巨钻一样闪闪生辉。他曾无数次地在树下打坐时见过这颗晨星,但那个找到迷宫出口的早上,他仿佛是第一次见到晨星,灿烂的光辉照耀着佛陀彻悟的欢欣笑容。

他回想起这些年来的寻觅,当中经历过的曲折与艰苦,他想起父母、妻儿,又想起王宫迦毗罗卫国,以及所有在痛苦迷惑中生活的众生。他于是发愿要把他的发现告诉大家,以使众生从迷妄中解脱出来,教化众生脱离迷妄执著,是他心中对众生深深的爱。

此时,河边的草坪上,颜色鲜艳的小花朵在清晨的阳光里盛开着。太阳光在树叶和水面上蹦蹦跳跳。在佛陀心中,一切生命的奥妙都显露无遗,哪有什么不是新鲜的呢?

昨天大家讨论科学,东山给大家讲物理,近代科学家对物质结构的认识也迅速深入发展。在本世纪30年代以前,经典物理学一直认为:物质是由分子构成的,分子是由原子构成的。原子是组成物质的最小元素。1932年,科学家经过研究证实:原子是由电子、中子和质子组成的。此后,科学家们把比原子核次一级的小粒子,如质子、中子等看作是物质微观结构的第三个层次,统称为基本粒子。

迄今为止,人们知道物质中包含了三百多种基本粒子,除少数寿命特别长的稳定粒子,如光子、中微子、电子和质子外,其他都是瞬息即逝的,也就是说,你还没有看到、证实到它的出生,它就已夭折。

东山博士还特别举例:通过弱相互作用衰变的粒子有二十余种,通

死 | 305

彻悟

道

过电磁相互作用衰变的粒子共两种。而寿命最短的，则要算通过相互作用衰变的"共振态粒子"，它们的伙伴特别多，占基本粒子家族成员的一半以上，共二百多种。它们的短命达到了惊人的地步，以致于人们很难用确切的形容词来描述它们的衰变过程。

物理学家用尽方法也无法直接测量它们，而只能用间接的方法推算出它们的寿命。它们的寿命只有一千万亿分之一秒左右。当绝大多数基本粒子都如此不可思议地短命时，我们如何能执著地想：我们现在眼前的世界不是瞬息即逝的幻影？

东山详细解释了当物体运动接近光速时，如果持续不断地对物体施加能量，可物体速度却基本不会再增加，那施加的能量去哪儿了呢？其实能量并没有消失，而是转化为了质量。爱因斯坦在说明物体的质量与能量之间的相互转化关系时，提出了著名的质能方程：能量等于质量乘以光速的平方。不久后科学家们发现了核裂变和链式反应，把部分质量变成巨大能量释放出来。知道原子弹裂变原理的人，都知道质量可以转化成能量。

既然物质与能量是可以相互转化的，能量并非"实体"，物质也就不能再被看作是实体。既然物质本非实体，那生命又有什么实体可言呢？组成我们生命的细胞、基本元素变化如此之快，我们每时每刻都在死生、生死的循环中啊！假如一切物体运动，包括基本粒子振动静止了，那么时间将静止，或者说没有时间这个概念。不管历史长河怎么长，过去怎么精彩，未来怎么动人，说现在时，现在就过去了，你唯有可以把握当下这一瞬间，自己的时间永远定格在此刻这孤单且无助的一瞬间。过去是记忆，记忆多么地不可捉摸？你记忆中好吃的东西，再吃

寿命

还是那个味道吗？那么美丽的景象，再见也不过如此，记忆本是你的遗憾和想象。而未来是什么？是你的梦想和设定，根本没有实现，实现梦想的过程中要经历无数的变化。

我修禅的目的是什么？是了生死。怎么样可以了生死、出轮回呢？发神通能出轮回吗？外道都有五神通——天眼、天耳、他心、神足、宿命，但他们不能了生死。因为他们不识自己的本性是什么，执著外境追求，有所取着便生死不能了。有所祈求，心里便还是烦恼依旧，纵然五通齐发也不是成就。究竟讲来，生命根本没有生死。本性是不生不灭、不来不去、不增不减、不垢不净、不动不摇的。执著于生死就是我们妄心乱动，取境着物。所以一切放下，不就自在得很吗？这是大自在，没有什么生死，还有什么贪嗔痴慢疑呢？

佛在《阿含经》中说"此有故彼有"的缘起法则又被称为"中道"，所谓中道，即如实认识现象的本来面目，不偏不倚，不堕于任何不符合真实的片面见解和偏执。

从中道的生死轮回观来看，众生的生命乃因缘集起、生灭相续、因果相续的活动过程，佛经中喻如灯烛之燃烧，"展转燃之，故炷虽消，火续不灭"，这种生灭流变过程，不可简单地用有、无、断、常等概念来界定。灵魂有无、人死后是有是无，也不能作简单的肯定或否定的回答。佛经中记载，佛弟子嗏帝比丘持"我有前生后世"之见，遭到佛和其他比丘们的严厉呵责，认为断然说我有前生后世是片面的"边见"。

《中阿含经·箭喻品》中，佛把人死后是有是无的问题列为不予置答的"十四无记"，也就是十四个无意义的问题之一，佛法中有这些个前生后世的提法本身便是错误的，而任何人作肯定或否定的回答更是错上

神通

加错。如果要如实描述生命现象、死后有无,只能用否定两极片面之见的方式表述为:非断非常,非有非无。

非断或非无,是生命体不间断生灭相续、因果相续的过程,前念后念,念念相续;生前死后,生生不息。念头相续的是精神,肉体细胞生灭的是物质,而灵性无生无灭。精神和物质依其前因,续生后果,念念之间,生生之间必有新的细胞、基本粒子、思想生灭相续,维持这一个生命体的内外之形。

关于众生死后的去向,佛所说与印度婆罗门教传统的"三道"说不同,佛说有天、阿修罗、人、鬼、畜生、地狱这"六道"或"六趣"。佛经中说:众生自无始以来,在六道中死了又生,生了又死,出此入彼,无休无止,就像车轮转动不停,称"六道轮回"。那种认为一死永灭的"断见",被佛家斥为违背十二缘起法的片面之见。

非常或非有,意谓众生虽然轮回六道,无有停歇,但生死流转过程中,并没有一个真常不变的主宰者灵魂或自我死此生彼。佛说的轮回,并非像婆罗门教比喻或一些不明佛理的佛教徒所理解的那样,像一个人从这间房子搬到那间房子那么简单。那种认为有不死的灵魂或不灭的我、神我存在并受轮回的见解,也被佛教斥为另一种违前缘起法的边见、邪见。

佛法中认为人临死时,临终一念意识灭后,紧接着便会续生下一念意识,就如同生前前念灭已又生后念,中间没有停顿间歇。死后的意识相续而生时,便会领受他生前行为的因种所成熟的果报,今生后世之间,有因果相续的紧密联系。前念已灭名之为"死",后念续起名之为"生"。这生死相续之轮回过程,本性是空,一切的"生"皆因缘和合而

生命现象

生,但实际上并没有一个固定不变的"我"实受生死。

佛经有一个故事:说有一人远行夜宿在古庙,见一鬼扛一死尸来后面跟着另一鬼,二鬼相说这尸体是自己,到底属谁,争执不下,请此人来论个理。此人说应属扛尸的鬼,后来的鬼大怒,将此人左臂一把拽下,扛尸的鬼马上从尸身上拽下左臂,给他补上,如此后面的鬼拽,扛尸的鬼补,此人头足身躯,全身皆被换,二鬼最后一起吃了拽下的身体,共同离去。此人恍若隔世,想:我现在究竟是谁?有身还是无身?此身到底是我还是非我?不得其解,心转迷惑,于是请教高僧,僧答:你从本以来,便没有过自己固有的身子,不过是错误地执著有身是我而已。此人幡然醒悟,出家修道,彻底断了"我见"。

想到这里,我突然想到,现代医学如此发展,哪里病了就可以替换。肝、肾、心脑,什么都可以换成别人的,做手术输血更是家常便饭,每个细胞都有心识,都是活的。那么换了器官的人,他心中的意识、情绪、思维有多少已经被改变了?他还有多少思想是原来的那个"他"?如果他换了A的肝、输了B的血、移植了C的角膜……那么他是谁?他的思想中以谁的意识为主导呢?

又想,现代的克隆技术下,单细胞可以克隆出器官和活体生命,这些器官和活体生命难道没有意识吗?那么这个生命的意识属于谁?被克隆的原体还是克隆出来的新生命?谁是谁?

人活着时,诸行无常,念念生灭,没有一样东西可以从前原封不动搬到后,意识念头如此,生命更是如此,不要说轮回,就说我们的成长过程吧,形貌、性格等毕竟变化较慢,因为念头有记忆的连锁作自我意识的基础,才有被我们执著的这个"我"存在。现代科技已经可以植入记

本性

本性

忆和消除部分记忆了,你还会记得什么?还能记起什么?无始以来的生生不息的路上,生命生死死生,出入六道,不可胜数,你记忆是自然生起的还是被其中一个意识主导的幻象呢?究竟其中哪一回、哪一个算我?

佛法不是为了思辨,其中"十四无记",是佛陀所不予回答的。

《俱舍论》记载,此"十四无记"是:1.世间常;2.世间无常;3.世间亦常亦无常;4.世间非常非无常;5.世间有边际;6.世间无边际;7.世间亦有边亦无边际;8.世间非有边非无边际;9.死后还存在;10.死后不存在;11.死后亦有非有;12.死后非有非非有;13.命身属一;14.命身属异。

这"十四无记"怎么来的呢?佛陀在世时,有一位弟子喜好哲学思辨,想出来这"十四难"的问题,他每天反复思考,却无法找出答案,这令他寝食难安。有一天,他终于忍不住,找到佛陀,说:"佛陀,请为我解答十四难的问题,如果我明白了,就继续留在僧团。如果您无法为我解答,我就要离开您,另寻明师了。"

佛陀看着他,感慨地说:"你真是愚痴啊!我一生说法度众,帮助所有众生解脱生老病死的烦恼。此生老病死的问题才是当务之急。至于你问的十四难,只是无意义的辩论而已,对于实际的解脱烦恼、了生死没有一点帮助。如果解释给你听,又将陷入新的思辨中,苦苦寻思,对你的修行有何助益?"

接着佛陀继续说道:"就好像有人被毒箭射中了,亲人急着找医生帮他取箭,但是这个人却说不行。他要先知道医生姓什么?住那里?父母是谁?今年几岁?还要问清楚身上的箭是出自那一座山?用什么树木造的?用什么羽毛当箭翎?什么人制作的?射箭的弓是什么材质做的！箭上的毒药出自何地？毒名是什么？这位中箭受伤的人，非要等到问清全部的问题才肯接受治疗。"这时，佛陀停顿了一下，反问弟子："这个人可不可以等到全部问题解释清楚了，再拔箭治疗啊？"弟子不假思索地回答："当然不可以。如果等到那个时候，早就毒发身亡了。"

佛陀慈悲地笑着说："你现在的处境就是如此。被邪见的毒箭射中了，不赶快求医治病，非得等到世间是常、无常、有边、无边等十四难问题解答了，才愿意拔箭疗伤。如果等到那个时候，早就丧失法身慧命，堕入三恶道的黑暗深渊了。"

我自己不也是这样吗？越复杂的思想越偏离佛陀的教诲，那些复杂的意识和各种专门术语成了所知障，普通人如何理解和接受？中国禅的了不起，是它摆脱了一切经典、佛像，回归本源，寻回本心，明心见性，见性成佛。大乘佛法之所以在印度没落，被印度教的商羯罗打败，驱逐出印度，从内部来讲，很大程度上是因为大乘佛法弟子醉心于研究复杂的哲学上的十四无记问题，忽略了实修实证，所以商羯罗才趁虚而入，耍了一个哲学圈套，把印度教的梵天分为上梵和下梵，说印度教所认知的世界本源是属于上梵，而佛所认知的世界本源属于下梵。所以，佛法如果想发扬光大，必须舍弃那些复杂的哲学思辨，回归到佛法教化众生、以人为本的根本精神上来。

佛开悟后说："我不是人，不是神，我是佛。"什么是佛？佛便是觉者。

禅门中药山禅师道："高高山顶立，深深海底行。"这些祖师时而高高山顶立，气宇轩昂！时而深深海底行，谦卑如微！有时箭在弦上，不待急发，去无回路！有时像脱缰野马，直踏安地，自找生还！更如困兽脱笼，不受憋屈，终得自由！

佛在《涅槃经》中说,涅槃具常住、虚通、清净、不老、不死、寂灭、不动、快乐八味。但有涅槃可求,亦是佛的方便之说。涅槃同样是一种境界,只要有境界,还不是究竟法。境界仍然是相,达到无余涅槃境界,仍未离相。故此中国禅的禅师们不求涅槃,纵观其生死之际,从容不迫,坐脱立亡于指顾之间,取义成仁,以身殉道,哪一个不是出世恬退山林,入世成人成圣?

《四十二章经》中有说:佛问沙门:你说人命有多长的时间呢?对曰:几天而已。佛言:你还没明白。复问另一沙门,回答说:就在饭食间。佛言:你也不明白。再问另一沙门,此人回答:人的命在呼吸之间。佛言:你算是明白了。

每一次呼吸便是一次新生,生命生生不息,无来无去。

哦,我泰山的"无来无去"小院,我已经离开多久了?

死 | 317

善哉

起

于到了石门山。

当依稀看到远处有个人影等候在寺门正中时,我知道那是师兄大珠慧海!

大象这几天的足迹沿着师父马祖当年悟道后的路径在一路行走。

师父当年至南岳依止怀让和尚习曹溪禅法,因大和尚"磨砖不能成镜,打坐岂能成佛"而顿悟,悟道后师父继续在怀让和尚处潜心学法十年,才离开南岳。

他离开南岳后并未直接去江西,来到福建建阳佛迹岭,后来他离开福建到了江西临川,在这里建立了第一座道场,此山又叫"犀牛山",师父带着几位师兄来此修盖茅蓬,广招门徒,开堂说法,驻山几年。接着他又率徒自临川西里山南下,至虔州,见一个山洞四面环山,崖石壁立,幽雅清静,于是在此修行,这个地方现在叫"马祖岩",我们在马祖岩下静坐了许久,听浮鱼老禅师讲师父的各种经历。

再后来,师父又到了龚公山,大梅就是这时候开始依止师父修行的,师父在龚公山近二十年,龚公山明朝时被改名为宝华山,不少师兄如道通、智藏、怀海、自在、盐官,包括大梅等都是在此依止师父修行,师父离开后将道场交付师兄智藏禅师驻守。

大历年中(766年)师父移住洪州开元寺,洪州就是今天的南昌,是江西的政治文化中心,开元寺肇建于南朝梁代,师父在开元寺弘法二十年,弘扬以"平常心是道"的中国禅,此时师父声名大振,座下贤圣比肩,得法弟子百余人。这里除了自龚公山等处随其而来的怀海等师兄,又有智常、惟宽、太毓、神鉴等来相投,大德齐聚,热闹非凡。

师父的开元寺与师叔石头希迁的南岳石台寺于此成为天下禅者往来

参学的两大中心,师父这一支史称为"洪州宗",师叔石头史称"石头宗"。

师父的洪州门下,后来又分出沩山灵佑和仰山慧寂的"沩仰宗",黄檗希运和临济义玄的"临济宗"二支。师叔石头门下分出云门文偃的"云门宗",洞山良价和曹山本寂的"曹洞宗",法眼文益的"法眼宗",以后的禅门,大抵不出这五家的范围。再后来临济门下又分"黄龙派""杨岐派",合称七宗。"五家七宗"各立门户,各有家风。

沩仰宗宗风较为温和,临济宗最是猛烈,其特色为"五逆闻雷"之喝,一喝之下,听者似头脑破裂,如五逆罪人为雷所裂一般,断人执著妄想。所以临济禅风如铁槌击石,火光闪闪;若五雷相鸣,震碎心肝。

云门宗的禅风有大河奔流突止的气概。截断众流,不容拟议,凡圣无路,情解不通。

法眼宗禅风对病施药,相体裁衣。

曹洞宗家风细密,言行相应,随机应物,就语接人。

又有人评论五家家风为:"曹洞叮咛,临济势胜,云门突急,法眼巧便,沩仰回互。"这些都是祖师们接引学人的各种方便之法,可惜宋朝以后,唯"临济""曹洞"二门盛行于世。

除了这几个道场外,我们路上还经过了宜黄县的石巩寺,师父曾率徒在此间一个巨型山洞内修行,后渐扩为寺。师父离开后,慧藏师兄驻此三十余年。

此外还有东岩寺、白水寺、峰顶庵、凌霄洞、凌霄院、马祖寺、新开寺、禅山寺、佛兴寺、大果寺、大唐寺、开阳院、宝云寺、龙门寺、曹溪寺、法药寺、书堂庵、宝峰寺等,皆留有师父弘法度众的痕迹。

宇文教授、东山和元冥二位博士对师父在江西兴建丛林规模之大、范围之广惊叹不已。

　　元冥博士不理解,为什么师父建的这些道场禅院叫"丛林"。宇文教授给她解释说:"丛林"一词出自《大智度论》,是指僧众和合居住于一处,犹如树木聚集之丛林的意思,后来《禅林宝训音义》解释,"丛林"一词系取其草木不乱生长之义,表示其中有规矩法度。

　　佛法初传中国,禅僧们住在山洞、茅屋,沿袭了乞食的传统,但这一传统并不适合中国,印度向来敬信沙门,而中国风俗与印度迥然有别,看不起乞食者,自古隐士之流,也是靠自己躬耕畎亩而得衣食的。为了适应这一社会习俗,禅僧们必须改变原始生活方式,师父于是亲自率领弟子从事传统戒律反对的生产劳动。

　　其实自道信祖师开始,禅门的农禅并重作风已见端倪,祖师在蕲州黄梅双峰山东山寺聚徒五百,定居三十年。而此前,达摩祖师及各位祖师都是以行脚游方为务,居无定所。道信祖师率众定居,和弟子弘忍创立了"东山法门"。

　　师父继承了禅门农禅并重的作风,开创禅门丛林,彻底改变了达摩祖师以来禅者岩居穴处、游化为务的独处隐修方式,将禅门的个人修行方式变成了聚众定居、共同修道的集体共修,真正奠定了"中国禅"发展基业,农禅这种行为在整个佛教历史上也是一次巨大的革新。

　　师兄怀海后来更是创立《百丈清规》,"一日不作,一日不食",将禅众的劳动作为一种制度固定下来。洪州禅创立的这一丛林制度使禅门走向规范,形成规模,禅僧们行止有序,道风井然。

　　我们下了象背,大珠师兄对大象合十施礼道辛苦,大象点头致意后在大家的礼送中腾空而去。

但是还没等我们开口，师兄就急切地对我说："小珠，你们来晚了，师父刚刚已经圆寂了。"

我脸色大变，慌忙跟着他往里走，走着走着，突然发现浮鱼老禅师和水月禅师二人怎么突然不见了。

我们七个人来到禅院中间，见到师父结跏趺，端坐在禅床上，他面皙唇红，目无所视，耳无所闻，心无所知，入深三昧，师父哪里是圆寂的样子？分明是在入定啊！

我的眼泪扑簌簌地不自觉往下流着，师父！您为什么不等等小珠？小珠穿越了千年，才有福报再次见到您！您却什么话也没跟小珠说就走了？小珠多么想听听您的教诲！这些年在世间弘扬禅遇到了太多的困难，人心不古，世风日下，师父啊，您给小珠指点指点迷津吧！

院子后面的山峰陡峭，寒风切切，天空中雨散云收，长空如洗，我看见群鸟悲鸣，围之不去。身边是大珠、怀海、智藏等各位师兄弟们，他们朗朗诵经，声震九霄。

不一会儿，师父的心胸中自涌出一团火，这火越烧越旺，师父的法体渐渐荼毗，三昧真火越烧越旺，照亮了整个天空，火光中师父形容相貌，栩栩如生。

而后，师父身出烟焰，随着烟火变大，天空中化现出了万千舍利。千万颗莹莹的舍利子在空中飞舞，荧光如雨，光雨洒在每一个人的身上，人的身体随之变成了红色，红色的身体上布满一个个纤微的光影，每个光影中都可以看到师父，如月印千江，斑驳照耀，其境无可比拟。

自灵山法会佛祖拈花示意，传正法眼藏给禅门初祖大迦叶尊者始，印度禅门祖师中，如三祖商那和修尊者，灭寂时现十八变火光三昧，焚其身；五祖提多迦尊者，再有六祖弥遮迦尊者，十祖胁尊者，十二祖马鸣尊者，十三祖迦毗摩罗尊者，十五祖迦那提婆尊者，十八祖伽耶舍多尊者，十九祖鸠摩罗多尊者，二十五婆舍斯多尊者，二十六祖不如密多尊者，二十七祖般若多罗尊者等等，十几位祖师灭寂都是用三昧真火自燃其躯。

"中国禅"自惠能大师创始后，首重破执。而此三昧真火虹化、立化、坐化以及水、火定等神通功夫属于自修自证的功夫境界，因此不为人所知。

偶尔有些禅师会在圆寂时示现一下来去自如的成就，如惠能大师自己留肉身不腐，也是为了证实禅法真实不虚。什么是肉身佛？我认为就像石头中有钻石和美玉一样，同样的东西，内在转化了，因此天差地别。

正思索时，师父的色身已经完全溶化在光中，最后散漫的细微光点渐渐集合成一个大的光柱，光柱直通云霄，如灵光独照，本自圆成。刹那间天地一片透明，最后光柱急速转动着越来越高，越来越高，直至消失在天空。

我看着眼前这一切，这些经历都是梦吗？有繁花似锦，亦有秋叶凋零，一位位祖师在面前流过，目睹了千年岁月流转，时间转瞬即逝，当世间一切都随着岁月的流逝凋零老去的时候，什么是永远鲜活的？

我清晰地听到耳中隐约传来师父的声音，告诉我无论生命长短，总要尽此生绽放应该出现的色彩，才能臻现出生命的价值及圆满。

我仿佛看得见师父就在光柱中微笑，然后越来越远……

我缓缓睁开眼睛。

起 | 325

月印千江

小屋依旧，昨天下午没来得及收拾的东西还在一旁，杯子里茶水还是温热的。

我透过窗户往外看去，这是个晴朗的早晨，天空已繁星渐稀，颜色由灰变黄、变红、变紫，黑夜渐渐地在地平线附近裂开一条缝隙，一会儿，缝隙变得越来越长、越来越宽，同时越来越亮，几道霞光射向天空，忽然，一弯金黄色的圆弧，冲破晨曦，从地平线上冉冉升起，啊！朝阳！

朝阳在那一望无垠的云海上绽放出万道霞光，朵朵红云下边的连绵云海中万顷波涛，色彩斑斓。这不灭的太阳，犹如一盏明灯高高地悬挂在天上。

一夜枯荣，不知归处，风过云散，春秋几度？如梦如幻，如电如露，但随因缘，流水不住。

我看着冉冉升起的朝阳，顿时心中充满了信心，我慢慢站起身，让麻木的腿脚恢复知觉，是时候该下山了！

此刻，一夜定境中的影像如电影一般在脑海回放，大象、宇文教授、浮鱼老禅师、水月禅师、东山博士、元冥博士，还有紫玉、明慧、睡个不停的寂然童子，他们曾来过这里吗？我们又曾一起去过哪里？

一出门，看见门口的"无来无去"，我不禁甜甜地笑了。

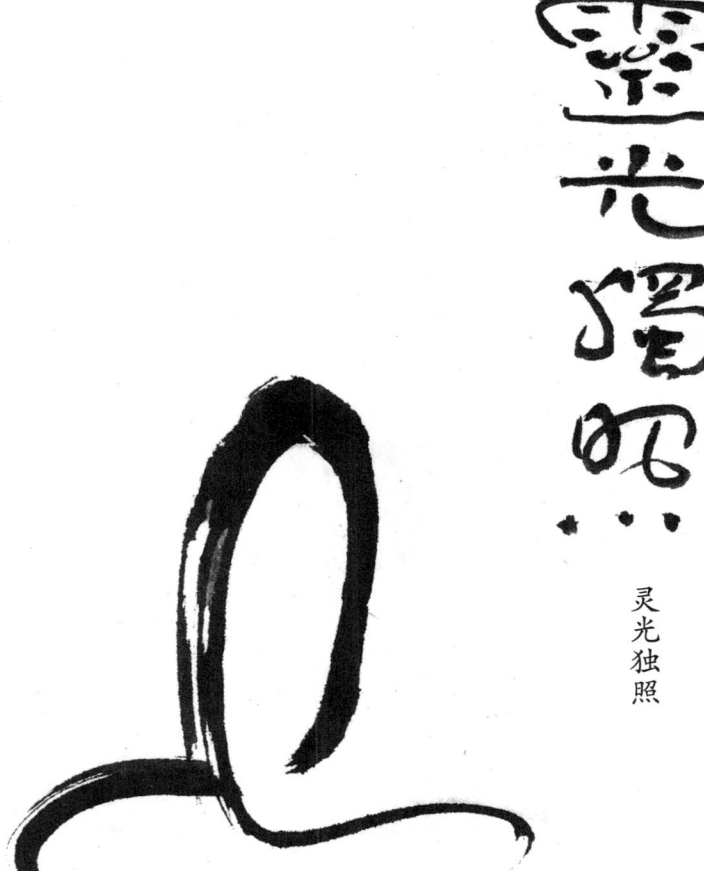

灵光独照

无来无去